LOS DEMONIOS DEL SINDICALISMO MEXICANO

LOS DEMONIOS DEL SINDICALISMO MEXICANO

MARTÍN MORENO

Los demonios del sindicalismo mexicano

Primera edición: febrero de 2015

D. R. © 2015, Martín Moreno

D. R. © 2015, derechos de edición mundiales en lengua castellana:
Santillana Ediciones Generales, S.A de C.V., una empresa de
Penguin Random House Grupo Editorial, S.A. de C.V.
Blvd. Miguel de Cervantes Saavedra núm. 301, 1er piso,
colonia Granada, delegación Miguel Hidalgo, C.P. 11520,
México, D.F.

www.megustaleer.com.mx

Diseño de cubierta: Luis Carvajal

Comentarios sobre la edición y el contenido de este libro a:
megustaleer@penguinrandomhouse.com

ISBN 978-607-113-529-2

Impreso en México / *Printed in Mexico*

Para Ana Ximena y Matías,
con la esperanza de que vivan un México más justo.

Para los sindicalistas honestos, valientes y dignos.

"Callar es transigir…"
José Revueltas

"Estos son mis principios. Si no le gustan…tengo otros."
Groucho Marx

"En política no hay amigos… hay intereses."
Fidel Velázquez (tras la detención de "La Quina")

ÍNDICE

LOS SINDICATOS

En México, los sindicatos tienen una cláusula no escrita que es práctica generalizada y permanente: "Prohibida la transparencia de recursos. Opacidad obligatoria."

Aliados de los presidentes de la República en turno, sin importar nombres ni partidos; comparsas de los organismos políticos –desde el Partido Nacional Revolucionario (PNR), antecedente del Partido Revolucionario Institucional, hasta el PRI o con el Partido Acción Nacional (PAN) cuando estuvo en la Presidencia–, la mayoría de los líderes sindicales han sido soportes, cómplices, socios y hasta chivos expiatorios del poder político en el país.

Acostumbrados a no rendir cuentas bajo el sofisma de una "soberanía sindical" ultrajada, manipulada y pervertida para beneficio de grupos o partidos; utilizando sus cargos –la masa como plataforma de proyectos personales– para alcanzar impunidad oficial vía protección legislativa, ya sea como diputados o senadores; proclives a "informar" a sus asambleas, sí, pero no a "comprobar" gastos que dilapidan sin ningún pudor, ocultos y soterrados, soterrados por ocultos, los líderes sindicales mexicanos han escrito páginas negras no sólo dentro del sindicalismo,también en la historia del país.

Una historia tan propia como vergonzante.

Una historia tan indigna como escandalosa.

Sindicalismo. Dinero. Política. Corrupción. Impunidad. Complicidades. Amiguismo. Partidismo. Solapamiento. Son algunas de las características que los sindicatos, convertidos en aliados del poder político –poder político encarnado en los mismos dirigentes obreros–, demuestran y sostienen hasta nuestros días.

Un poder político –cabeza con mil serpientes– que se sirve, para sobrevivir sexenio tras sexenio, de presidente tras presidente, de partido tras partido.

La ausencia de transparencia sindical tiene ciclos aunque, desafortunadamente, no fecha de caducidad.

Desde todopoderosos líderes petroleros hasta maestras encarceladas… pero aún poderosas.

Desde dirigentes mineros hasta caciques sindicales universitarios.

Desde líderes de sindicatos hasta oscuros y temibles personajes que, hoy por hoy, bien podrían caber en dos espacios: o en un sindicato o en alguna mafia napolitana.

Nombres. Lugares. Fechas. Pruebas. Testimonios. *Modus operandi.* Lo que el lector tiene en sus manos son algunas historias –tan sólo algunas–, de cómo se enquistaron líderes sindicales, quiénes los llevaron de la mano a la cima y al precipicio –casi siempre hay un poderoso detrás suyo–, cómo han manejado –y aún manejan– verdaderas fortunas al amparo de la "soberanía sindical", sin transparencia, bajo un manto financiero digno de sociedades secretas. De cofradías.

Por lo pronto –independientemente de cuadros financieros que, capítulo a capítulo, mostraremos para sustentar cada historia por separado–, presentamos algunas muestras –aleatorias, si se quiere, pero a final de cuentas demostrativas y claras– de parte del dinero que han recibido oficialmente algunos sindicatos vía el erario público. Dinero que, de una u otra forma, todos aportamos.

¿Cuánto nos cuestan los sindicatos a los mexicanos?

Ejemplos (sólo se incluyen, en el siguiente apartado, parcialidades de sus ingresos, sin que ello implique, por supuesto, que sea el total de los recursos que reciben o sus presupuestos globales. Sólo se contemplan algunos rubros):

Sindicato de Trabajadores Petroleros de la República Mexicana

2005-2007
a) Apoyo económico al Comité Ejecutivo: $1,644,500.00
b) Festejos del Desfile del 1 de mayo: $23,430,134.70
c) Festejos del aniversario de la expropiación petrolera: $13,125,000.00
d) Gastos para la revisión del Contrato Colectivo de Trabajo: $84,000,000.00

2007-2009
a) Apoyo económico al Comité Ejecutivo: $6,336,540.05
b) Festejos del Desfile del 1 de mayo: $26,323,756.35
c) Festejos del aniversario de la expropiación petrolera: $14,745,937.50
d) Gastos para la revisión del Contrato Colectivo de Trabajo: $94,374,000.00

2009-2011
a) Apoyo económico al Comité Ejecutivo: $7,065,590.70
b) Festejos del Desfile del 1 de mayo: $8,268,291.85

c) Festejos del aniversario de la expropiación petrolera: $16,442,531.35
d) Gastos para la revisión del Contrato Colectivo de Trabajo: $105,232,200.55

2011-2013

a) Apoyo económico al Comité Ejecutivo: No presentado
b) Festejos del Desfile del 1 de mayo: $19,000,000.00
c) Festejos del aniversario de la expropiación petrolera: $37,800,000.00
d) Gastos para la revisión del Contrato Colectivo de Trabajo: $242, 000,000.00

2013-2015

a) Apoyo económico al Comité Ejecutivo: No presentado
b) Festejos del Desfile del 1 de mayo: No presentado
c) Festejos del aniversario de la expropiación petrolera: $40,500,000.00
d) Gastos para la revisión del Contrato Colectivo de Trabajo: $25,900,000.00
Fuente: Contratos Colectivos de Trabajo

Sindicato del Instituto Mexicano del Seguro Social

2005-2007

a) Reconocimiento al servicio del personal de enfermería: 10.8 millones de pesos
b) Actividades deportivas: 14.4 millones de pesos
c) Promoción turística (turismo social): 28.8 millones de pesos
d) Programas educativo: 38.4 millones de pesos

e) Reconocimientos para trabajadores técnico-administrativos: 10 millones de pesos

f) Reconocimientos a trabajadores de intendencia, mantenimiento y transportes: 9 millones de pesos

g) Reconocimientos a personal "no nominado": 7.2 millones de pesos

h) Homenajes a jubilados y pensionados: 3.6 millones de pesos

i) Reconocimientos para médicos: 10.8 millones de pesos

j) Actividades del sistema nacional de educación sindical y sistema nacional de capacitación sindical: 7.2 millones de pesos

2007-2009

a) Reconocimiento al servicio del personal de enfermería: 10.8 millones de pesos

b) Actividades deportivas: 14.4 millones de pesos

c) Promoción turística (turismo social): 28.8 millones de pesos

d) Programas educativos: 38.4 millones de pesos

e) Reconocimientos para trabajadores técnico-administrativos: 10.08 millones de pesos

f) Reconocimientos a trabajadores de intendencia, mantenimiento y transportes: 9 millones de pesos

g) Reconocimientos a personal "no nominado": 7.2 millones de pesos

h) Homenajes a jubilados y pensionados: 3.6 millones de pesos

i) Reconocimientos para médicos: 10.8 millones de pesos

j) Actividades del sistema nacional de educación sindical y sistema nacional de capacitación sindical: 7.2 millones de pesos

2009-2011

a) Reconocimiento al servicio del personal de enfermería: 10.8 millones de pesos

b) Actividades deportivas: 14.4 millones de pesos

c) Promoción turística (turismo social): 28.8 millones de pesos

d) Programas educativos: 38.4 millones de pesos

e) Reconocimientos para trabajadores técnico-administrativos: 10.08 millones de pesos

f) Reconocimientos a trabajadores de intendencia, mantenimiento y transportes: 9 millones de pesos

g) Reconocimientos a personal "no nominado": 7.2 millones de pesos

h) Homenajes a jubilados y pensionados: 3.6 millones de pesos

i) Reconocimientos para médicos: 10.8 millones de pesos

j) Actividades del sistema nacional de educación sindical y sistema nacional de capacitación sindical: 7.2 millones de pesos

k) Reparto de juguetes: 51.8 millones de pesos

2011-2013

a) Reconocimiento al servicio del personal de enfermería: 16.2 millones de pesos

b) Actividades deportivas: 21.6 millones de pesos

c) Promoción turística (turismo social): 28.8 millones de pesos

d) Programas educativos: 38.4 millones de pesos

e) Reconocimientos para trabajadores técnico-administrativos: 15.120 millones de pesos

f) Reconocimientos a trabajadores de intendencia, mantenimiento y transportes: 9 millones de pesos

g) Reconocimientos a personal "no nominado": 7.2 millones de pesos

h) Homenajes a jubilados y pensionados: 5.4 millones de pesos

i) Reconocimientos para médicos: 16.2 millones de pesos
j) Actividades del sistema nacional de educación sindical y sistema nacional de capacitación sindical: 7.2 millones de pesos
k) Reparto de juguetes: 51.840 millones de pesos

2013-2015
a) Promoción turística (turismo social): 35 millones de pesos
b) Programas educativos: 40 millones de pesos
j) Actividades del sistema nacional de educación sindical y sistema nacional de capacitación sindical: 7.5 millones de pesos

Fuente: Contratos Colectivos de Trabajo

CUADRO 1

 **DIRECCIÓN DE FINANZAS**
COORDINACIÓN DE CONTABILIDAD Y
TRÁMITE DE EROGACIONES
DIVISIÓN DE EVALUACIÓN OPERATIVA

MÉXICO
GOBIERNO DE LA REPÚBLICA

IMSS

Recursos entregados al Sindicato Nacional de Trabajadores del Seguro Social

Cuenta		42060240	
Descripción		PREST.CONTRAC.AL SNTSS Y OTROS	Total
Año Pago	2010	245,333,582.32	245,333,582.32
	2011	253,055,685.77	253,055,685.77
	2012	281,180,967.12	281,180,967.12
	2013	267,764,089.44	267,764,089.44
	2014	201,986,464.07	201,986,464.07
Total		1,249,320,788.72	1,249,320,788.72

Cuadro 2

ISSSTE
Instituto de Seguridad y Servicios Sociales de los Trabajadores del Estado

DIRECCION DE ADMINISTRACION
COORDINACION ADMINISTRATIVA

Sindicato Nacional de los Trabajadores del I.S.S.S.T.E.

Ejercicio	Donativo	Apoyo para el Fomento de Actividades Sociales, Culturales y Deportivas	Día del Niño	Día de la Madre	Fomento Deportivo y Recreativo	Día del Trabajador del ISSSTE
Fundamento Legal	Acuerdo Junta Directiva del Instituto y Autorización del Director General	Art. 28 Fracc. XXXIV Condiciones Generales del Trabajo	Art. 87 Fracc. IV Condiciones Generales del Trabajo	Art. 87 Fracc. IV Condiciones Generales del Trabajo	Art. 87 Fracc. IV Condiciones Generales del Trabajo	Art. 87 Fracc. IV Condiciones Generales del Trabajo
2007	10.000,000.00	9,000,000.00	1,097,821.94	1,699,861.01		8,999,985.64
2008	9.000,000.00	9,000,000.00	1,539,975.46	2,379,875.87		9,999,665.59
2009	0.00	9,000,000.00	1,599,884.54	2,112,329.17		9,999,088.70
2010	6.836,000.00	9,000,000.00	1,699,860.02	2,599,989.62		10,000,000.00
2011	6.850,000.00	9,000,000.00	1,699,998.39	2,999,974.38		10,999,881.36
2012	9.770,000.00	9,000,000.00	1,784,954.01	2,739,645.79	288,500.00	14,984,988.36
2013	0.00	10,000,000.00	2,498,586.05	3,896,077.93		13,099,956.21
2014	0.00	5,000,000.00	0.00	0.00		0.00

Cuadro 3

EVENTOS SINDICATO NACIONAL DE TRABAJADORES DE LOTERIA NACIONAL

CONCEPTO	MONTO EROGADO 2010	MONTO EROGADO 2011	MONTO EROGADO 2012	MONTO EROGADO 2013	MONTO EROGADO 2014
DIA DEL AMOR Y LA AMISTAD		$ 10,000.00	$ 9,874.00	$ 10,000.00	$ 4,000.00
TOMA DE POSESION SNTLN	$ 205,598.20			$ 236,510.66	
DIA DEL GLOSADOR	$ 30,052.00	$ 29,164.00	$ 29,999.92	$ 29,000.00	$ 30,000.00
DIA DEL EMPLEADO DE CONTABILIDAD	$ 21,769.17	$ 23,742.00	$ 20,213.00	$ 18,000.00	$ 20,000.00
DIA DEL EMP. DE MANTENIMIENTO	$ 40,276.00	$ 46,073.00	$ 47,787.80	$ 50,738.40	
DIA DEL EMPLEADO DE TRANSPORTES	$ 12,000.00	$ 12,000.00	$ 12,000.00	$ 5,200.00	
DIA DEL NIÑO	$ 470,028.51	$ 533,297.67	$ 534,102.22	$ 529,143.99	$ 560,680.00
DESFILE 1° DE MAYO	$ 516,246.40	$ 568,573.42	$ 583,497.68	$ 19,000.00	$ 18,000.00
DIA DE LAS MADRES	$ 224,179.00	$ 242,620.00	$ 241,400.00	$ 315,838.76	$ 351,000.00
DIA DEL MAESTRO	$ 10,000.00	$ 10,000.00	$ 10,000.00	$ 7,530.00	$ 8,000.00
MEDIO MARATON DE SALTILLO, COAH	$ 6,500.00	$ 6,500.00	$ 7,000.00	$.	$ 7,000.00
MARATON CD. DE MEXICO	$ 12,700.00	$ 12,800.00	$ 13,000.00	$ 13,000.00	
ANIVERSARIO S.N.T.L.N.	$ 484,146.40	$ 545,420.23	$ 558,863.11	$ 516,779.16	
COMEDOR SINDICATO	$ 711,809.37	$ 658,381.90	$ 684,701.11	$ 664,229.47	
DIA DEL TIPOGRAFO	$ 62,575.97	$ 69,940.00	$ 79,408.01	$ 76,077.48	
ÚTILES ESCOLARES	$ 249,716.44	$ 251,976.79	$ 205,928.96	$ 224,887.57	$ 244,182.20
DÍA DEL ALMACENISTA	$ 19,000.00	$ 19,000.00	$ 18,500.00	$ 15,600.00	
EXCURSIONES DE CONVIVENCIA FAMILIAR	$ 120,825.00	$ 158,000.00	$ 161,500.00	$ 102,500.00	$ 24,300.00
LIGAS INTERINSTITUCIONALES	$ 20,000.00	$ 30,000.00	$ 30,000.00	$ 20,000.00	
FÚTBOL RÁPIDO	$ 91,914.00	$ 57,000.00	$ 57,000.00	$ 36,000.00	$ 15,000.00
CARRERA ATLÉTICA, DOMINÓ, AJEDREZ	$ 14,000.00	$ 14,000.00	$ 14,000.00	$	
RIFA ANUAL DE EMPLEADOS	$ 44,544.00	$ 52,600.00	$ 55,999.98	$ 24,540.00	
RIFA DE AUTOS		$ 445,000.00	$ 469,500.00	$ 440,000.00	
ELECTRODOMÉSTICOS	$ 1,462,554.68	$ 1,486,581.76	$ 1,584,653.90	$ 1,717,718.82	
VESTUARIO	$ 2,261,225.12	$ 1,968,870.32	$ 2,190,801.52		$ 2,597,838.56
EVALUACIÓN DE LA GESTIÓN SINDICAL					
TOTAL	$ 7,091,460.26	$ 7,301,041.69	$ 7,610,781.21	$ 5,072,694.26	$ 3,880,200.76

*Los cuadros 1, 2 y 3 fueron obtenidos a través de una petición al Instituto Federal de Acceso a la Información.

Con base en la búsqueda de transparencia sindical y conociendo las respuestas que el Instituto Federal de Acceso a la
Información dio a la periodista Linaloe R. Flores, esto es lo
que ella encontró:

"Blindados por la legislación laboral que omite la Rendición de Cuentas, los sindicatos mexicanos han ocultado históricamente el destino de los recursos públicos
fijados en sus Contratos Colectivos de Trabajo. Los
conceptos por los que reciben dinero de los organismos
públicos que representan, se desgranan en conceptos
como viajes de los miembros de los comités ejecutivos,
la conmemoración del Día del trabajo, becas, equipos
deportivos, adopción de hijos, o la honra de los trabajadores de limpieza.

Mientras los sindicatos se comportan como repúblicas independientes de difícil acceso, algunos líderes han
logrado un enriquecimiento evidente por su ostentosidad, como son los casos de Carlos Romero Deschamps
o Elba Esther Gordillo. Los Contratos Colectivos de
Trabajo, las Condiciones Generales del Trabajo y las
respuestas de los mismos organismos públicos a través
del Instituto Federal de Acceso a la Información y Protección de Datos (IFAI), dan cuenta de un flujo monetario exponencial. La danza de cifras –millonarias las
más de las veces– no va al mismo ritmo que la tasa de
sindicalización, la cual disminuyó en los últimos cinco
años de 10.6 por ciento de la "población económicamente activa" (PEA), a 8.8, de acuerdo con la Secretaría
del Trabajo y Previsión Social (STyPS).

El sendero de la transparencia sindical ha sido de
los más accidentados y sinuosos. Se avanza un paso y

se retroceden dos. Diversas reformas constitucionales, jurisprudencias de los tribunales federales y un poco de movilización social han conformado este largo relato. Y la paradoja es que no hay visos de que un día, se consiga correr la oscura cortina que ha cubierto durante casi un siglo a las agrupaciones laborales.

En el Pacto por México, el presidente Enrique Peña Nieto se comprometió con una reforma en Transparencia y Derecho a la Información que, en efecto, fue enviada al Congreso de la Unión en febrero de 2014. Uno de los lineamientos entrañados en la enmienda era la obligatoriedad para todos los entes con dinero público a mostrar sus finanzas. Universidades, partidos políticos, fideicomisos, órganos constitucionales y sindicatos, quedaban obligados con esta iniciativa.

Pero la propuesta de legislación cayó en un letargo. De las once enmiendas enviadas por el primer mandatario, esta fue la más tortuosa en el Congreso. En ese sitio, viró su espíritu y las leyes secundarias que fueron presentadas ante el Senado por el mismo IFAI redujeron el campo de acción de la Transparencia. La obligación para rendir cuentas quedó limitada a los órganos que los otorgan, en tanto que el derecho a la consulta de información actualizada fue reducido. Un ejemplo: si un ciudadano decidiera pedir el Contrato Colectivo de Trabajo de cierto sindicato para conocer cuánto recibe del erario, obtendría sólo un resumen y no el texto íntegro, como lo garantiza la Ley Federal del Trabajo.

El antecedente más inmediato en el fracaso de conseguir algo de luz sobre su numeralia sindical, está en las discusiones de la reforma laboral de 2012. Ese año, diputados y líderes lograron desechar una iniciativa para obligar a los dirigentes de agrupaciones con más de 150 trabajadores a presentar informes por escrito y en forma periódica. Se pedía también someter su comportamiento a auditores externos.

También fueron rechazados dos derechos de los trabajadores: el de exigir la información financiera mediante un procedimiento preciso, y el de recurrir a las autoridades cuando los dirigentes no informaran sobre ingresos y egresos.

La opacidad se ha hecho notoria a través de la Ley de Transparencia. Emblema de ello es el Sindicato de Trabajadores Petroleros de la República Mexicana (STPRM) que funciona bajo la dirigencia del senador Carlos Romero Deschamps. Renuente a brindar información, entabló un juicio de amparo en un juzgado federal en contra de una solicitud promovida por la reportera, para evitar que se conocieran los pagos que recibe de Petróleos Mexicanos (Pemex). La autonomía y privacidad que deben tener los datos en cualquier gremio, fueron los argumentos para no brindar la información solicitada a través del IFAI. La pregunta esencial era cuánto dinero le da Pemex al Sindicato.

Ello contradice al Criterio 013-10, emitido por el mismo instituto. En ese punto se lee: "Los recursos públicos federales entregados a sindicatos con base en las obligaciones contraídas en los Contratos Colectivos de Trabajo son públicos. En los Contratos Colectivos de Trabajo se establecen los montos, periodicidad y términos en los que el patrón se obliga a entregar recursos al sindicato. En el artículo 12 de la Ley Federal de Transparencia y Acceso a la Información Pública Gubernamental se establece que los sujetos obligados, deberán hacer pública toda aquella información relativa a los montos y las personas a quienes entreguen, por cualquier motivo, recursos públicos, así como los informes que dichas personas les entreguen sobre el uso y destino de dichos recursos."

[Hasta aquí el texto de Flores.]

En síntesis: la transparencia en los recursos públicos entregados a los sindicatos, es letra muerta.

La falta de transparencia, una constante en las finanzas sindicales.

La opacidad, la regla cuasi generalizada.

Aliados del poder, comparsas de poderosos, millonarios muchos de ellos, la mayoría de los líderes sindicales en México son, bajo la simple regla de la definición, verdaderos demonios del sindicalismo.

CAPO DI TUTTI CAPI

—Tengo un compromiso muy fuerte con Peña Nieto...—, confió Carlos Romero Deschamps, aún todopoderoso del Sindicato de Trabajadores Petroleros de la República Mexicana (STPRM).

La frase encierra un mundo de complicidades, de manejo de miles de millones de pesos sin justificar ni transparentar; de valores entendidos entre el sindicato, el PRI y los gobiernos en turno –incluidos los de los panistas Vicente Fox y Felipe Calderón–, que le han permitido a Romero Deschamps erigirse, tras el encarcelamiento de Elba Esther Gordillo en enero de 2013, como el líder sindical más poderoso, rico e intocable del país.

¿Qué significa el sindicato petrolero para el PRI?

Nada menos que un soporte financiero clave que, por décadas, ha financiado movimientos políticos y campañas electorales del Revolucionario Institucional, *alma mater* del STPRM desde los tiempos de Joaquín Hernández Galicia, "La Quina". El vehículo institucional para enriquecer a líderes sindicales y a sus incondicionales; la forma de explotación financiera de Petróleos Mexicanos ha sido a través de canonjías entregadas al sindicato mediante un jugoso dos por ciento sobre contratos de obras y servicios que realizaba la empresa (como se demostrará dentro de este capítulo). Es la caja chica del priismo, como ocurrió con uno de los escándalos político-electorales-financieros más graves de la historia: el Pemexgate.

Por eso Romero Deschamps ha sido intocable.

Y por eso sobrevivió a la Reforma Energética aprobada en agosto de 2014 —declarada, por decreto, empresa productiva del Estado—, a pesar de que del Consejo de Administración de Pemex se eliminaron los asientos que ocupaban representantes del sindicato petrolero.

Raspados, sí; tambaleantes, tal vez, pero los líderes sindicales petroleros —encabezados por el senador priista Romero Deschamps—, aún se mantienen dentro del presupuesto energético del país.

Basta saber que del 2000 al 2012, el sindicato petrolero recibió más de dos mil millones de pesos por concepto de "apoyos para distintas actividades sindicales". Sí: sin justificar en qué se gastaba, arropado por la proclama tramposa de la "autonomía sindical". Todo al capricho y servicio de Romero Deschamps y —aquí sí encaja el término *gangsteril*— de sus secuaces. Dineros salidos de los bolsillos de los mexicanos vía impuestos y cubiertos por el manto de la opacidad, del disfrute personal, de la dádiva oficial y del dispendio oculto materializado en departamentos en Miami, en yates, en autos Lamborghini o en Ferrari, al gozo de la familia Romero.

Pero esos dos mil millones de pesos son, tan sólo, una partícula dentro del universo de fortunas que se han gestado al amparo del sindicato petrolero y sus vínculos de apoyos y encubrimientos con el Ejecutivo en turno. Son, apenas, la punta del iceberg de los favores financieros, de la fuga de miles de millones de pesos, constante en los últimos años, de los que se desconoce a qué fueron destinados. La punta lamentable de uno de los abusos más indignantes de los que se tenga memoria en prejuicio de los mexicanos.

Cuando se habla de Romero Deschamps, la única palabra que viene a la mente es corrupción.

Y tal vez cuando usted lea estas páginas, Romero Deschamps habrá abandonado la secretaría general del STPRM gracias a un pacto concertado entre el líder sindical y el gobierno de Peña Nieto. Es muy posible, considerando que él mismo comentó a algunas personas que tras la elección presidencial de 2012 dejaría el sindicato. Al menos hasta noviembre de 2014 no había cumplido su promesa. Sin embargo, Romero Deschamps es una carga cada vez más pesada para el gobierno, en el trance de la Reforma Energética, debido en gran medida al mundo de conflicto en el que se ha acostumbrado a vivir el senador priista.

En algún momento se irá Romero Deschamps del sindicato petrolero.

Cierto.

Pero su salida no borrará el sinfín de abusos financieros, de complicidades políticas, de beneficios personales, de desfalcos petroleros, de enriquecimiento familiar, ni tampoco lo librará de ser un demonio del sindicalismo mexicano. El daño quedará allí, imperecedero. Como una herida abierta para siempre.

El abuso de Romero Deschamps jamás se borrará.

Jamás.

EL PEMEXGATE

–Sí, entregamos ese dinero para la campaña de Labastida… ¡pero sólo fue un préstamo!–, reconoce, en corto, Carlos Romero Deschamps.

¡Ah, menos mal!

En México, un sindicato puede entregarle cientos de millones de pesos surgidos de las arcas petroleras a un candidato presidencial, y no pasa nada.

¿Pemex de los mexicanos? ¡Sí, cómo no!

La historia es conocida: el STPRM le prestó al PRI alrededor de mil millones de pesos, en el año 2000, para financiar la campaña presidencial de Francisco Labastida.

A pesar de ser conocida y pública, esta historia negra cuenta con nuevos testimonios y revelaciones que los mexicanos deben conocer para darse una idea –al menos una idea– de cómo, en este caso con el apoyo de un líder sindical, se ha utilizado el presupuesto para fines políticos y particulares.

Pero también existe algo más que indignante: la propia empresa (Pemex), contribuyó con dinero público a la campaña de Labastida, tal como se leerá en la declaración que cito de Andrés Heredia.

Para la elaboración de este capítulo, se leyó y analizó la Averiguación Previa PGR/UEDO/102/2002/ (Petición de Desafuero), en la que se detalla cómo operó el Pemexgate, los nombres de los responsables, las cifras que se destinaron a la campaña del candidato presidencial priista y cómo se exoneró a Romero Deschamps y compañía, aun cuando había elementos suficientes para desaforarlo de la diputación que ostentaba en 2002, con el diputado por Tamaulipas, Jesús Olvera Méndez, y Ricardo Aldana, senador, tesorero del STPRM y hombre clave en el manejo del Pemexgate, para proceder legalmente en su contra. Nunca fueron castigados.

Se puede integrar un tratado para detallar los abusos, las desviaciones de dinero y las complicidades surgidas dentro y en torno al Pemexgate, bajo la batuta de Romero Deschamps. Tan sólo la averiguación previa consultada consta de 755 páginas. De este documento, se seleccionaron los fragmentos que ilustran, con la mayor precisión posible, cómo se operó e instrumentó el Pemexgate. Esta es una breve radiografía de uno de los abusos político-sindicales-financieros más agraviantes de nuestra historia reciente.

Aquí algunos testimonios, cifras y cuadros incluidos en dicha averiguación previa [sólo se agregaron puntos de identificación y precisiones ortográficas para facilitar la lectura y comprensión del texto, sin alterar el sentido de las declaraciones que involucran, en primera instancia, a políticos a la sazón destacados como Manuel Bartlett, Arturo Núñez y Humberto Roque Villanueva, entre otros ilustres priistas.]

1. De cómo se cargaban las maletas del dinero.

Declaración de Melitón Antonio Cázarez Castro:
> [...] y justamente llego el 28 de mayo de 2000 al PRI a laborar con el ingeniero Bretón como asistente en la Subsecretaría de Finanzas; a los pocos días realizo funciones de secretario particular y administrativo de la Subsecretaría; en los primeros días de junio de 2000, alrededor de medio día, me comentó el ingeniero Alonso Bretón (subsecretario de Finanzas del PRI) que era necesario ir a recoger unos recursos, sin decirme a dónde, sólo que me coordinara con Andrés Heredia Jiménez y Joel Hortieles Pacheco, quien ocupaba el cargo de

coordinador Administrativo de la Secretaría de Finanzas, cuyo titular era Jorge Cárdenas Elizondo, Secretaría que estaba ubicada en el edificio tres, segundo piso de las oficinas del Comité Ejecutivo Nacional del PRI.

Alrededor de medio día me llamó nuevamente para decirme que era necesario que pasara con Jorge Cárdenas Elizondo para que le firmara unos documentos como registro de firmas, lo cual hice como a los dos o tres días, alrededor del mediodía, pasando directamente con Jorge Cárdenas Elizondo, quien no me comentó absolutamente nada, sólo me mostró los documentos y vi donde estaba mi nombre y estampe la firma, sin recibir ningún comentario. Dicho documento era como un oficio el cual tenía un destinatario, un texto, quién firmaba el documento y al lado mi nombre, luego, sin ningún comentario, me dirigí de nueva cuenta a realizar mi trabajo.

Como a los dos o tres días, siendo alrededor de medio día me avisa Elpidio López López, director general de Ingresos y Egresos del PRI, que ese día me tocaba ir a recoger dinero, que sería a las tres de la tarde y que acompañaría a Andrés Heredia; efectivamente salimos de las oficinas del PRI en un vehículo tipo Cherooke, color negro, al parecer propiedad del PRI, y en el vehículo, aparte de Andrés Heredia y yo, iba el chofer y otros dos acompañantes, personas que no conozco, pero recuerdo que el chofer tenía las siguientes características: era de tez blanca, con corte tipo militar, de aproximadamente un metro setenta centímetros de alto, complexión atlética, ojos claros, sin recordar alguna característica en particular; las otras dos personas por la apariencia podría ser personal de vigilancia o seguridad, ya que tenían corte militar, sin recordar si los había visto en las oficinas del PRI, aparte también iba una Suburban de color oscuro con tres o cuatro gentes, aparentemente también de seguridad, así nos trasladábamos a las instalaciones de Cometra, que se encuentra ubicada por el rumbo del mercado de pescado de la Viga, cerca de las calles de Lorenzo Boturini y Circunvalación.

Al llegar a las instalaciones de Cometra, Andrés Heredia se bajaba del vehículo con la identificación mía y la de él, y una vez que checaban que éramos nosotros, nos abrían un portón e ingresaba únicamente la camioneta Cherooke, mientras la Suburban con su personal se quedaba afuera; ya en las instalaciones le dábamos las maletas que llevábamos al personal que nos atendía, el cual nos daba el dinero en las maletas que llevábamos y lo contábamos a groso modo [*sic*], desconociendo el origen de esos recursos. Una vez con los recursos en las maletas, nos pedían que firmáramos unos documentos, que recuerdo tenían las siguientes características: era un formato tamaño carta con el nombre del Banco Banorte en el ángulo superior izquierdo, viéndolo de manera horizontal, con espacios para diversas firmas, con un rectángulo al centro del formato en donde firmábamos las dos personas que íbamos a recoger el dinero, con textos de las cantidades que recogíamos, algunos espacios para otras firmas que desconozco de quiénes eran y en la parte de abajo traía el nombre del Sindicato de Pemex, una vez que firmábamos nos entregaban las maletas y las subíamos al vehículo y las trasladábamos a las oficinas del PRI.

Al llegar a las oficinas del PRI, además de los acompañantes, nos ayudaban a subir las maletas el chofer de

Jorge Cárdenas y el chofer de Joel Hortiales, personas de las que no recuerdo sus nombres; en las oficinas del PRI los recursos los entregábamos a Joel Hortiales Pacheco, quien los ingresaba a las oficinas de Jorge Cárdenas Elizondo, sin mediar ningún recibo, maletas que en promedio eran cinco u ocho maletas, sin recordar la cantidad que traía cada una; esta operación se realizó en tres ocasiones en fechas aproximadas a mediados del mes de junio de 2000, actividad que realizábamos siempre a la hora de la comida que era entre las tres y las seis de la tarde, habiendo recogido en esas tres ocasiones una cantidad aproximada de \$151'000,000.00 (ciento cincuenta y un millones) en total.

Los recursos que se asignaban a la oficina de la Subsecretaría de Finanzas del PRI era variable, esto es, no se tenía una cantidad fija asignada, era así que por instrucciones del ingeniero Bretón pasaba a la oficina de Joel Hortiales a recoger los recursos que se me indicaban. Recuerdo que en una ocasión que fuimos a recoger dinero a Cometra, una parte se dejó en las oficinas de Jorge Cárdenas y otra en la de Alonso Bretón, sin recordar la cantidad, misma que me fue entregada para realizar pagos de diferentes conceptos, entre los que se encontraban los siguientes conceptos: pago a proveedores, pago de nómina que se realizaba a gentes que trabajaban con Manuel Bartlet, lo cual se hacía a través de Pascual Juárez del Reyo; Arturo Núñez, Humberto Roque, Maximiliano Silerio Esparza, asimismo se pagaba el total o parte de la nómina general del PRI; asignaciones a algunas organizaciones del PRI, como son la Confederación Nacional Campesina (CNC), Confederación Nacional de Organizaciones Populares (CNOP),

Fundación Colosio, entre otras; asignación de recursos a algunos comités estatales del PRI, entre los que se encontraban los del Distrito Federal, Guanajuato, Querétaro, y otros que no recuerdo, pero eran diez o quince comités estatales aproximadamente; asimismo, se le asignaban recursos para la operación de las secretarías de Elecciones y de Operación Política, estas asignaciones se realizaban a través de Alonso Veraza en la Secretaría de Elecciones y de Teódulo González en la Secretaría de Operación Política, áreas encargadas de la campaña, recordando que a la Secretaría de Operación Política se le asignó una cantidad de $40'000,000.00 (cuarenta millones), a la Secretaría de Elecciones se le asignaron cantidades aproximadas de $2'800,000.00 (dos millones ochocientos) a $6'000,000.00 (seis millones), aclarando que esto fue para la operación propia del área, aunque pudo haber más asignaciones sin recordar los importes; precisando que cuando se acababa el dinero que tenía en la caja fuerte que se encontraba en mi oficina, sacaba el dinero que se encontraba en las cajas fuertes que se encontraban en la oficina de Bretón que eran dos.

[Hasta aquí parte de la declaración de Cázarez.]

Tan sólo en maletas atiborradas de billetes, como si fueran ladrones, más de ciento cincuenta millones de pesos para el PRI, con los atentos saludos del sindicato petrolero. ¿Qué tal?

2. De cómo el PRI era la cueva de los tesoros.

Declaración del testigo con nombre clave "Nacho" (17/XII/2001):

[…] En el interior de la empresa Cometra, y en una ventanilla, que tenía vidrios blindados, me dieron a firmar un documento que tenía anotada la cifra de 45 millones de pesos y que a pesar de que intentaron taparlo para que no viera el nombre del emisor, alcancé a leer que se trataba de una sección sindical del Sindicato Nacional de Trabajadores de Petróleos Mexicanos. El dinero fue entregado en bolsas de plástico transparente y dentro de ellas había bolsas de lona de color blanco crudo o crema, con un remache de plomo para su apertura, mismo que era entregado a través de una puerta que se encontraba por debajo de la ventana de los cristales blindados, se suponía que cada bolsa de lona contenía 500 mil pesos, pero no fueron abiertas para contar el dinero, sino que nada más por el número de bolsas se infiere que fueron 45 millones de pesos, las bolsas que contenían el dinero se metieron en maletas negras que llevaba el señor Heredia desde las oficinas del PRI, mismas que se subieron a la camioneta en que nos habíamos trasladado a Cometra, y regresamos de inmediato a las oficinas del PRI.

Las personas que iban conmigo en la camioneta, incluyendo al señor Heredia y yo, subimos las maletas a la oficina del señor Jorge Cárdenas y el señor Heredia me indicó que eso era todo y que él se encargaría del resto, por lo que supongo que el dinero fue guardado en esa oficina. En días subsecuentes fui convocado en varias ocasiones para que se me entregaran recursos que serían distribuidos a muchas entidades a través de los coordinadores de elecciones para cubrir los gastos de la jornada electoral.

3. De cómo Pemex apoyó financieramente la campaña de Labastida, y cómo elementos del Estado Mayor Presidencial fueron utilizados como escolta personal para cuidar el dinero que la empresa petrolera entregaba al PRI.

Declaración de Andrés Heredia (18/III/2001):

> [...] la principal actividad profesional que me fue asignada consistía en revisar todos los gastos que se originaron por concepto de gastos de campaña con los que se apoyó al licenciado Francisco Labastida Ochoa, mismos documentos que fueron turnados al área de contabilidad, designándome para mi labor una oficina en el inmueble ubicado en la calle de Varsovia número 43, Zona Rosa.
>
> A principios de enero del 2000, recibí instrucciones del licenciado Joel Hortiales Pacheco para que me trasladara físicamente a seguir colaborando en las mismas funciones pero en una oficina que se me iba a asignar en el edificio tres de Administración y Finanzas del CEN del PRI; el día 7 de junio de 2000, recibí instrucciones del licenciado Jorge Cárdenas Elizondo para que apoyara en recoger dinero del banco proveniente de Pemex como apoyo a la campaña del candidato oficial a la Presidencia de la República Francisco Labastida Ochoa por el PRI. El día siguiente, 8 de junio del año en cita, me llamó el licenciado Joel Hortiales para que subiera a la oficina del licenciado Jorge Cárdenas para atender un asunto, en esta oficina se me instruyó para que recogiese dinero de Cometra y para tal efecto me presentó un documento dirigido a Bancomer en donde se me autoriza recoger los recursos, dicho documento fue signado por Ricardo Aldana Prieto; el día 9 de junio de 2000.

Si no mal recuerdo, recibo la instrucción para que efectúe el primer viaje indicándome que se hará en una camioneta blindada y que nos apoyará en el operativo personal del Estado Mayor Presidencial; el inicio de esta comisión partió del estacionamiento del edificio tres del PRI en el horario de 14:30 horas con rumbo a Cometra, cerca de la escuela Nacional Preparatoria 7, por las calles de Calzada de la Viga y Lorenzo Boturini.

4. De cómo colaboradores del candidato presidencial, Francisco Labastida Ochoa, ayudaban a llenar las alforjas de "recursos" –así llaman los priistas al dinero– destinados al PRI.

Declaración de Alonso Veraza López (18/III/2002):

[…] Andrés Heredia (quien revisaba los gastos de campaña de Labastida) me condujo a una camioneta que era manejada por otra persona, el chofer el cual no conozco y una persona más que supongo iba cuidándonos como guardia, y si los volviera a ver no los reconocería, la camioneta iba resguardada por otro vehículo con dos personas, a quienes tampoco conozco; al llegar al lugar en donde haríamos el retiro supe que era la empresa Cometra.

Antes de esto el señor Andrés Heredia me pidió mi identificación la cual fotocopió, siendo esta mi credencial de elector, el señor Andrés Heredia se bajó de la camioneta para solicitar el acceso al lugar y nos abrieron las puertas de un especie de garaje de la empresa en donde se introdujo la camioneta; a través de una ventanilla con vidrios blindados le entregaron a Andrés Heredia unos documentos que me dio para firmar y que eran para hacer el retiro correspondiente, firmé seis documentos por siete millones y medio de pesos cada uno; que cuando Andrés Heredia me dio a firmar los documentos, coloco su mano en la parte superior dejando únicamente visible el área de firma, a la hora de entregar los documentos a la personas que se encontraba del otro lado de la ventanilla alcance a leer una leyenda que decía "Sindicato de Trabajadores de Petroleros de la República Mexicana"; por lo que hasta este momento supe yo que ese podría ser el origen de los recursos, lo cual no se me hizo extraño porque el Sindicato de Trabajadores Petroleros es un organismo afiliado al Partido Revolucionario Institucional y podría tratarse de una donación, y nos entregaron $45,000,000.00 (cuarenta y cinco millones) de pesos en efectivo que venían en bolsas de lona con un sello de plomo, por lo que no contamos ahí el dinero sino que simplemente por el número de bolsas suponía la cantidad mencionada.

De regreso a las oficinas del CEN del PRI en avenida Insurgentes Norte, las maletas en donde se había guardado el dinero, mismas maletas que ya estaban en la camioneta y que eran de tamaño grande, altas, color negro de tela, sin observar alguna marca comercial en las mismas, ignorando de quién eran, se depositaron en la oficina del señor Jorge Cárdenas.

5. De cómo Francisco Labastida Ochoa aceptaba regalos millonarios u onerosos por parte de particulares.

Declaración de Francisco Serrano Segovia:
[...] que fue cuando el licenciado Labastida contendía como precandidato en el Partido Revolucionario

Institucional para ser candidato a la Presidencia de la
República Mexicana por dicho partido, por lo que el
declarante se preocupó por su seguridad personal y
decidió enviarle la camioneta blindada de su propiedad Jeep Grand Cherokee Limited color negro modelo
1998, 8 cilindros, número de placas del Distrito Federal
309 KAA, cuatro puertas y con número de serie 1J4G-
Z88Z3WC277569, con la factura de la misma endosada
en blanco para que estuvieran cedidos los derechos de
la misma para el licenciado Labastida, siendo que la
citada camioneta se la envié con Sergio Clemente Rodríguez, quien era el jefe de Seguridad de mi familia
Serrano. Que tengo bien claro que Sergio Clemente
Rodríguez fue quien entregó personalmente al jefe de
ayudantes de Francisco Labastida Ochoa, ya que incluso se tiene una bitácora, el cual todavía se conserva.
PREGUNTA 1. ¿Señale si el licenciado Francisco Labastida Ochoa le habló para agradecerle el obsequió de
la camioneta?
RESPUESTA. Sí, telefónicamente.
PREGUNTA 8. ¿Sabe cuál era el precio del vehículo
Cherokee Limited color negro modelo 1998, 8 cilindros,
número de placas del Distrito Federal 309 KAA?
RESPUESTA. El precio de adquisición fue de 34,000.00
(treinta y cuatro mil dólares 00/100 USA), como se aprecia en la fotocopia de la factura de dicho vehículo que
presenta el de la voz como anexo número uno.
PREGUNTA 9. ¿Sabe el precio del blindaje de la camioneta Cherokee Limited color negro modelo 1998, 8 cilindros, número de placas del Distrito Federal 309 KAA?
RESPUESTA.- Aproximadamente 90,000.00 (noventa
mil dólares 00/100 USA).

LA FAMIGLIA

Una cuñada que huyó con 40 millones de pesos. Una hermana millonaria. Las propiedades en McAllen, Nueva York y Texas. Los departamentos y autos de lujo en Miami. Los prestanombres. El poderío financiero de la familia de Romero Deschamps. Todo, al amparo del petróleo y de la protección oficial de los presidentes mexicanos en turno. ¿De quién? Póngale el nombre que quiera. Todos han protegido a Romero Deschamps: Fox, Calderón, Peña Nieto.

DE PEMEX PARA LA FAMILIA ROMERO

De la página 324 de la averiguación previa PGR/UEDO/ 102/2002/:

> Lo que vamos a narrar es una acusación en contra de Carlos Romero Deschamps, Fernando Pacheco Martínez, secretario general y secretario del interior del Sindicato Nacional de Trabajadores Petroleros, y los que resulten responsables de esta denuncia derivada de la investigación. Señor Presidente, ¿cómo va a ser posible que PEMEX se encuentre en malas condiciones económicas, ya que el saqueo desmedido es una carga que afecta directamente la economía de nuestro país? El Sindicato de Petróleos se compone de 32 secciones en la República Mexicana. En cada sección, la maneja un secretario general y 70 comisionados con goce de salario y viáticos. El secretario general nacional tiene más de 100 trabajadores en sus oficinas ubicadas en la calle de Zaragoza de la colonia Guerrero en la Cd. de México, todos ellos con altos salarios, viáticos y presta-

ciones, boletos de avión otorgados por Pemex para que se trasladen a sus lugares cada treinta días.

En Salamanca, de donde es originario Carlos Romero Deschamps, tiene en su agenda particular a su cuñada María Guadalupe Durán Limas, quien fungió como tesorera en la Caja de Ahorros de los Trabajadores durante más de ocho años, la cual emprendió una graciosa huida con un desfalco por más de $40,000,000.00 (cuarenta millones de pesos 00/100 m.n.). Asimismo, actualmente goza de permiso con sueldo, viáticos y prestaciones de Pemex, habita una mansión en el Fraccionamiento más exclusivo de Salamanca (Campestre) y tiene más de quince casas de su propiedad en renta y grandes cantidades de dinero en diferentes cuentas bancarias.

Por otro lado, su hermana, Esther Romero Deschamps, fue una trabajadora de Pemex que durante quince años disfrutó de permiso con sueldo y viáticos y ahora, en su carácter de jubilada, sigue gozando con viáticos, disfrutando de una mansión con un valor superior a los $5,000,000.00 (cinco millones de pesos 00/100 m.n.), misma que cuenta con cuatro cocheras, en las cuales encontrarán un auto Mercedes Benz, una camioneta tipo Suburban y un auto Grand Marquis, todos modelos recientes, así como grandes cantidades de dinero en diferentes cuentas bancarias.

En Salamanca, nuestro flamante secretario general, Carlos Romero Deschamps, tiene en propiedad más de diez terrenos en el Fraccionamiento Campestre, edificios, con su prestanombres licenciado Eduardo Diez de Bonilla. Ranchos, casas, cuentas abultadas en diferentes bancos de la localidad y socio de más quince vinícolas en el municipio. En la Cd. de México, junto con sus hijos, los cuales, para variar, también se encuentran comisionados con salario y viáticos, mismos que administran sus restaurantes de lujo en Polanco y Tecamachalco. Su casa, en el Fraccionamiento La Herradura, se encuentran cocheras donde se alojan autos Mercedes Benz, BMW, Ferrari y, en general, autos de procedencia extranjera de lujo.

Entre las propiedades que se conocen, se encuentra una casa lujosamente amueblada en Cancún, Quintana Roo, el cual su vecino es el futbolista Hugo Sánchez Márquez; condominio en McAllen, Texas, EUA; Departamento en la Cd. de Nueva York, EUA, casas adjuntas a su mansión, en el Fraccionamiento La Herradura y ahorros cuantiosos en diferentes bancos de la Unión Americana y del país. Todo lo anterior, es lo que se conoce, amén de lo que resulte de las investigaciones respectivas, considerando lo más grave, para variar, con la anuencia de Pemex, se dedica a la compra de terrenos a $20.00 (veinte pesos 00/100 m.n.) el metro cuadrado, posteriormente lo fracciona y lo vende a Petróleos Mexicanos a $300.00 (trescientos pesos 00/100 m.n.) el metro cuadrado. Asimismo, hace "gestiones" ante Pemex para que se construyan casas, y él graciosamente las entrega a los trabajadores de su predilección y Pemex, de forma rara, no actúa absolutamente en algún trámite para su entrega.

Por otro lado, Fernando Pacheco Martínez disfruta de una mansión ubicada en col. La Luz de la Cd. de Salamanca, la cual tiene un valor estimado en más de $10,000,000.00 (diez millones de pesos 00/100 m.n.), la cual ocupa un área de quince mil metros cuadrados.

Asimismo, cuenta con edificios en la col. Las Reinas, también en la Cd. de Salamanca, los cuales fueron por él adquiridos al licenciado Eduardo Diez de Bonilla; una flotilla de autos y camionetas, de modelo reciente (eso sí, cuidando las formas, pues son de origen nacional); cuenta con diez trabajadores para que le cuiden la "espalda" y todos con goce de salario y prestaciones de Pemex; disfruta de los dividendos derivados de flotillas de taxis y autobuses urbanos de servicio público en la localidad, derrochando el dinero de los trabajadores con el apoyo que le brinda Pemex. Asimismo, cuenta con cuantiosas cuentas bancarias en diferentes instituciones.

MIAMI DORADO

El 12 de febrero de 2013, en la columna "Archivos del Poder" que escribo desde hace más de ocho años en el periódico *Excélsior*, divulgamos el siguiente texto titulado "Romero Deschamps: la ofensa".

La información indigna, agravia: José Carlos Romero Durán –hijo del líder del sindicato petrolero, Carlos Romero Deschamps– compró dos departamentos de lujo en un edificio en Miami. El costo: ¡Siete millones 550 mil dólares! Mientras Pemex se hunde, el jeque sindical se burla. A la explosión, el enriquecimiento brutal.

Una investigación de los reporteros David Casco y Haim Torres, publicada el martes pasado en el diario *Tabasco Hoy*, revela el grado de enriquecimiento brutal al que ha llegado Romero Deschamps y su familia. Es algo ya intolerable. Porque no solamente son las bolsas Hermes de Paulina Romero, que cuestan varios miles de dólares –"mis bolsas de Superama", las llama la hija del intocable líder sindical–, o sus hospedajes en los hoteles más caros de Europa o el trato enfermizo a sus *perretes* agraciados. No. El empoderamiento de los Romero a costa de la empresa más importante del país ya resulta un insulto nacional.

Es innegable: ninguna reforma a Pemex puede prosperar mientras tenga a un líder sindical con vida de jeque árabe. Tampoco saldrá adelante, cuando tiene un sindicato que es dique para modernizar a la empresa.

La discusión es de fondo: Romero Deschamps es soporte político y financiero del sistema priista. Ese es el conflicto de interés: el PRI necesitaría cortarse el brazo petrolero, aniquilar al aliado, eliminar al líder sindical soberbio, multimillonario e intocable. ¿Lo hará?

Romero Deschamps es el nombre que agravia. ¿Lo eliminará Peña Nieto?

Ofrecemos, textual, parte de lo publicado por los reporteros Casco y Torres sobre los departamentos de lujo comprados por el hijo del líder del STPRM:

"Los documentos obtenidos especifican que José Carlos Romero Durán y su esposa, María Fernanda Ocejo Garrido, se mudaron a Miami y fundaron dos empresas dedicadas a los bienes raíces. Y a través de esas dos compañías, de las cuales es propietario y director, de manera mancomunada con su cónyuge —BC Properties B5, LLC y BC Properties 18C, LLC—, la pareja compró dos exclusivos departamentos en un edificio de Miami.

El primero de ellos fue adquirido el 12 de enero de 2005. La propiedad está en el número 5959 de Collins Avenue, suite 3005, en la zona de South Beach, y por la misma José Carlos pagó dos millones 50 mil dólares [...]

Luego, el 1 de marzo de 2006, el hijo de Romero Deschamps compró otro departamento en el mismo edificio. Es la suite 1803, por la que pagó cinco millones 500 mil dólares, que está registrada a nombre de su otra empresa: BC Properties 18C, LLC.

La suma que pagó por ambas propiedades fue 7 millones 550 mil dólares.

Los inmuebles que Carlos Romero le compró a su primogénito, están construidos en una de las obras más emblemáticas, lujosas y exclusivas de Miami. A la zona donde está el edificio, se le conoce como "el corredor de los millonarios."

Hasta aquí la información de Casco y Torres.

¿Cómo ha obtenido tantos millones de dólares la familia Romero Deschamps? Aliado del poder, emblema de la corrupción sindical mexicana, el líder petrolero se pasea, ufano y cínico. Se sabe intocable. Se sabe parte del poder político que está de regreso. ¿Y Pemex? Que se joda.

Las siguientes serían las fotografías de los inmuebles de la familia Romero en Miami, mencionadas en la columna. Fueron proporcionadas por una fuente de identidad reservada.

A continuación el edificio donde estaría el departamento.

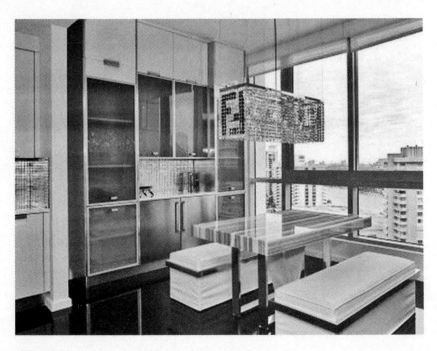

Cinco meses después de lo publicado en *Excélsior*, compartí el siguiente texto en la columna "Red Pública", que escribo semanalmente en el diario digital *SinEmbargo MX*, titulado: "Y ahora: ¡los yates de Romero Deschamps!", el 10 de julio de 2013:

> Enrique Peña Nieto tiene un problema grave y se llama Carlos Romero Deschamps.Multimillonario, líder petrolero, priista, soporte financiero del PRI, se ha convertido en el emblema de la corrupción del gobierno peñista, sin que nadie lo moleste. Romero es el intocable del presidente. El Arturo Montiel en versión actualizada.
>
> A los departamentos en Miami con valor de 7.5 millones de dólares. A los autos de superlujo Enzo Ferrari y Lamborghini −el primero cuesta dos millones de dólares y el segundo 500 mil dólares−, casos docu-

mentados por varios medios, ahora hay que agregar otra parte del imperio financiero del insaciable dirigente sindical.

Sí: Romero Deschamps no sólo es dueño del sindicato petrolero, de contratos de Pemex, de posiciones políticas y de la bendita protección presidencial. También le gusta desplegar su poderío por los mares.

Son tres los yates de Romero Deschamps y se llaman: "Indomable", "Guly" y "Güero". Su costo total es de… ¡4.5 millones de dólares! en promedio. (David Casco-Manuel González Arizpe, *Diario Basta*, 9 de julio de 2013.)

Los yates están anclados en el muelle de Mundo Marino, de la laguna de Nichupté, en Cancún.

De acuerdo con la investigación periodística, el "Indomable" fue un regalo del líder petrolero para su hija Paulina Romero Durán. ¡Qué detallazo! Tener un padre así o ser un padre así, no tiene precio.

"Indomable" es un yate Sunseeker, modelo "Portofino", de 50 pies de eslora (poco más de quince metros). Su matrícula es GB-XSK-038391607. A un costado tiene escrita la palabra "Boli", nombre de uno de los perretes-mascotas de Paulina. Vale alrededor de 1.5 millones de dólares.

El segundo yate −"Guly"−, fue otro obsequio de Romero Deschamps para su hijo Alejandro. (José Carlos Romero Durán es quien, en Miami, habita y supervisa los departamentos y utiliza tanto el Enzo Ferrari como el Lamborghini.)

"Guly" es un yate Sea Ray Sundance 450, de iguales dimensiones que el "Indomable". Cuesta un millón de dólares.

Y el yate "Güero" –uno de los motes con los que se identifica a Romero Deschamps–, es un Sunseeker Predator, de veinte metros de eslora (largo) y casi cinco metros de manga (ancho). Su costo es de dos millones de dólares.

¿Qué tal con los patrimonios de Carlos Romero Deschamps?

De acuerdo con los valores que se han manejado hasta hoy en diversos medios –y no desmentidos–, entre los departamentos en Miami, el Enzo Ferrari y el Lamborghini, y los yates en Cancún, la inversión ascendería a… ¡más de 14 millones de dólares! Unos 170 millones de pesos. Nada más.

Y faltan las casas en México, que no serán precisamente bajo créditos del Cofinavit. Y habría más propiedades. Romero Deschamps tiene, dentro del sindicato, un salario por 24,633 pesos como motorista, más su sueldo de Senador.

Una de tres: o es muy ahorrativo, o recibió sus bienes por donación (como Peña Nieto declaró algunos de los que posee) o es un pillo. Usted, lector de esta Red Pública, elija la opción que crea acertada.

De Elba Esther Gordillo a Carlos Romero Deschamps hay una diferencia: la protección del presidente de México.

Y sí, la pregunta es muy válida y se la hacen millones de mexicanos: ¿por qué a Elba Esther sí se le aplica la ley, y no a Romero Deschamps?

La respuesta es: porque Romero Deschamps es priista con todas las prerrogativas de impunidad que ello conlleva. Es soporte financiero del PRI, contribuyente de campañas presidenciales, como ocurrió en el año 2000 con la de Francisco Labastida Ochoa. A partir de este pequeño detalle, saque usted sus conclusiones.

Gordillo y Romero representan lo más nocivo y dañino del sindicalismo nacido, crecido, cultivado y gozado por el PRI hasta nuestros días. A ella el paredón, por rebelde. A él la protección, por aliado.

Cuando se detuvo a Elba Esther Gordillo y Peña Nieto lanzó aquello de que "no hay intocables", se pensó, por un momento, que venía una cruzada anti-corrupción en este gobierno. ¡Ay, ajá! Ya mero.

Lo de Elba Esther fue un ajuste de cuentas político. Y punto.

La impunidad con la que se maneja Romero Deschamps, al amparo del peñismo, nos demuestra que, hoy por hoy, el cobijo anti-corrupción a priistas multi-millonarios es absoluto. Está asegurado. Como en los viejos tiempo, que son ahora, los nuevos tiempos.

Nada ha cambiado en este renglón.

Y mientras Peña Nieto muestre disimulo y siga ignorando el brutal enriquecimiento de Romero Deschamps – su compañero de partido, el contribuyente financiero del PRI, su aliado político–, todo será una farsa.

La astracanada peñista agravia, y se llama Carlos Romero Deschamps.

[Hasta aquí mi columna en *SinEmbargo MX*.]

Las siguientes serían las fotografías de los yates de la familia Romero, proporcionadas por una fuente de identidad reservada:

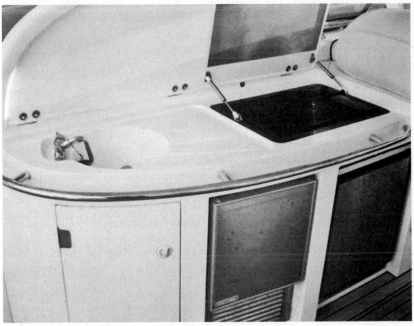

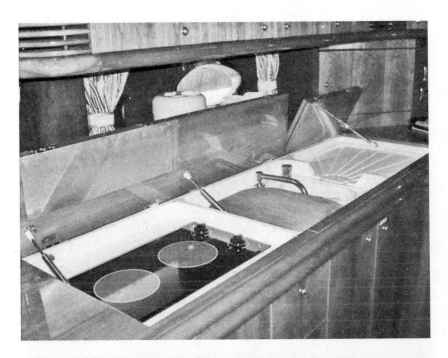

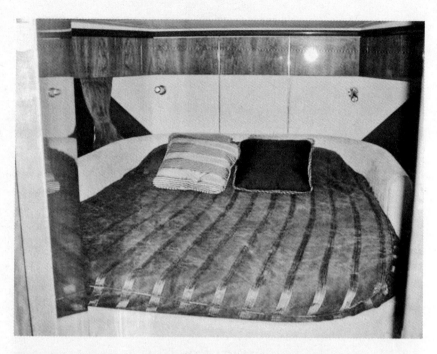

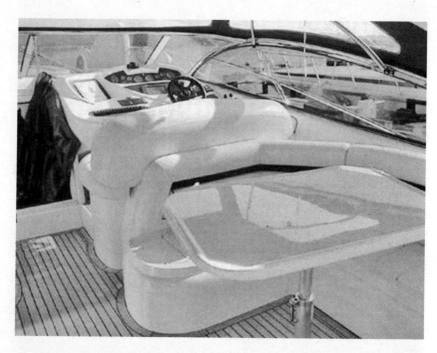

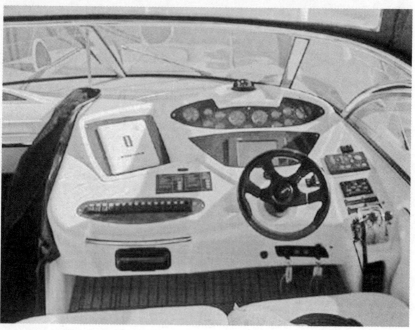

* * *

El 13 de abril de 2010, el reportero Carlos Loret de Mola publicó el primer indicio de la existencia del lujoso auto Ferrari perteneciente a José Carlos Romero Durán, en Miami, hijo de Carlos Romero Deschamps. En su columna "Historias de reportero", en el diario *El Universal*, bajo el título "El dueño de Pemex", escribió:

> Un Ferrari Enzo rojo se detiene frente a las puertas del Smith & Wollensky, uno de los restaurantes de carne más famosos y cotizados de Miami. Lo recibe el valet parking, y para darle todavía más nivel al establecimiento, lo deja estacionado a un lado de la puerta.
> —¿De quién es el Ferrari?, pregunta el siguiente comensal, que llega en un automóvil mucho menos caro.

—Es del dueño de Pemex.

Oficialmente Pemex no tiene dueño. O en todo caso es de los 107 millones de mexicanos. En una mala interpretación se podría confundir a su director general como propietario, pero tampoco. El Ferrari Enzo rojo, valuado en el equivalente a siete millones de dólares, pertenece al hijo de Carlos Romero Deschamps, secretario general del sindicato petrolero: 'el dueño de Pemex', deducen en Miami [...].

Y sí, el Enzo Ferrari rojo es el automóvil en que se mueve a sus anchas, por todo Miami, el hijo de Romero Deschamps. A su paso, todos quedan maravillados por el rugido del potente motor, por los destellos de su reluciente pintura roja y por su finísima línea aerodinámica semejante a un coche de Fórmula 1.

[Hasta aquí el texto de Loret de Mola.]

Esta sería la fotografía del Ferrari de los Romero:

Del Enzo Ferrari al Lamborghini Aventador.

"Amante de los automóviles italianos de lujo, José Carlos Romero Durán presume en Miami sus gustos caros financiados por su padre, el líder sindical petrolero."

(Después de esta cabeza periodística y el sumario, el reportero David Casco Sosa lo escribió así en el diario *Basta!*)

Drake es un norteamericano amante de los autos exóticos que vive en Los Ángeles, California. Su pasión es viajar para retratar y grabar los lujosos vehículos que encuentra a su paso. En su cuenta de YouTube *postea* videos de sus "hallazgos" y, orgulloso, subió uno de ellos el 17 de enero de 2012.

Ahí, anotó que se encontraba en Miami, esperando ver un Lamborghini. Y caminando por Ocean Boulevard, al mediodía, vio las luces de un imponente Aventador que se dirigía hacia él. Sin pensarlo dos veces, prendió su cámara de video y empezó a grabarlo. En su opinión, la luz natural y el paisaje fueron el mejor marco para que luciera más que espectacular el automóvil negro que se estacionaba frente a sus ojos.

El mismo Drake escribió que tuvo una larga charla con el dueño del Lamborghini Aventador LP 700-4, quien se portó amable con él, y le comentó ser propietario también de un Enzo Ferrari y que estaba en lista de espera para recibir un flamante Pagani Huayra.

Lo que no sabía el californiano, es que acababa de hablar con José Carlos Romero Durán, de 44 años de edad, primogénito del líder sindical petrolero Carlos Romero Deschamps.

Como *Basta!* ya lo había dado a conocer en exclusiva, José Carlos Romero Durán es una persona cuya estadía en Miami no pasa desapercibida. Y no es porque sea famoso, sino porque para movilizarse lo hace a bordo de un Enzo Ferrari que su padre le regaló, con un valor aproximado de dos millones de dólares (casi 25 millones de pesos), y un Lamborghini Aventador LP 700-4 color negro mate, con placa de circulación de Miami ARA9134, mismo que cuesta unos 508 mil dólares (6 millones 241 mil 237 pesos).

El Aventador, al igual que el Enzo, luce una letrero del lado derecho del parabrisas: "Do not touch" (No tocar).

[Hasta aquí el texto del reportero Casco.]

Son millones sobre millones de dólares.

¿Quién ha pagado todos los lujos de Carlos Romero Deschamps y de su familia?

El sindicato petrolero.

Petróleos Mexicanos.

Y sí: usted, yo, todos los mexicanos

640 MILLONES DE PESOS PARA LOS PETROLEROS

Si usted, lector de este libro, tiene un juicio legal contra algún particular, ¿podría aspirar a que el gobierno le financiara el costo de sus abogados, del proceso o de todo aquello que pudiera desembolsar? La respuesta es no.

Los mexicanos hemos cometido un error, de los muchos que seguramente se nos deben atribuir: no haber sido dirigentes petroleros, o no formar parte de la nomenclatura sindical del STPRM… porque ellos sí han logrado que su gobierno –tomemos literal el adjetivo posesivo–, los respalde con dinero para enfrentar juicios contra firmas privadas extranjeras.

Resulta que la empresa texana Arriba Limited demandó penalmente, desde los tiempos de "La Quina" Hernández Galicia, al sindicato petrolero por incumplimiento de contrato, debido a una concesión para comercializar los residuos del petróleo crudo. La Comisión de Contratos del STPRM recibió en 1984 dos millones de dólares por ese acuerdo. Sin embargo, la Secretaría de Programación y Presupuesto –cuyo titular en aquel año era Carlos Salinas de Gortari, quien tiempo después, ya en la presidencia, encarcelaría a "La Quina"– canceló el convenio por considerarlo ilegal. Entonces inició el proceso legal contra el sindicato que, hasta hoy, persiste.

El gobierno decidió asumirse entonces como abogado financiero del sindicato petrolero… y de Romero Deschamps. ¿Cómo?

En junio del año 2000, recta final del gobierno de Ernesto Zedillo, el director general de Pemex, Rogelio Montemayor Seguy, otorgó 640 millones de pesos al sindicato para "compensar y regularizar las relaciones existentes" (¿?) pero, principalmente, para apoyarlo "en la atención de un litigio que se lleva supuestamente en el estado de Texas en contra del propio sindicato".

¿Pemex para los mexicanos? ¡Sí, cómo no!

Aún más: de acuerdo con la averiguación previa, parte de ese dinero también fue destinado a las arcas del PRI.

LAS PRUEBAS

Extractos (por cuestiones de espacio) de la denuncia que la Contraloría de la Federación presentó ante ese préstamo multimillonario, incluida en la averiguación previa en turno:

> [...] La denuncia de SECODAM se hace consistir en el hecho de que el día 5 de junio del 2000, el director general de Pemex celebró el convenio –administrativo– sindical número 9399 en el que se entregó al STPRM la cantidad de 640 millones de pesos, para regularizar y compensar en las relaciones existentes entre el sindicato y la empresa y para el objeto de apoyar al último en la atención de un litigio que se lleva <u>supuestamente</u> en el estado de Texas en contra del propio sindicato. Con base en ello, la SECODAM sostiene que no existió razón legal para que Pemex entregara un dinero a un tercero, en este caso el STPRM, para solventar obligaciones que son ajenas a la paraestatal, y menos aún para un litigio no contestado.
>
> SEGUNDA IMPUTACION: En la denuncia de la SECODAM se dice que la asignación de los préstamos y compensaciones otorgadas vía convenio administrativo sindical al STPRM, se hizo en contravención de los artículos 15, 16, 30, 38 de la Ley del Presupuesto, Contabilidad y Gasto Público y 39, 40 fracción I y III, 42 fracción II y 44 del reglamento de dicha Ley. Para apoyar esta afirmación se acompañan diversas documentales con las que pretenden demostrar que el Corporativo de Pemex no tenía suficiencia presupuestal al momento de comprometer este gasto.

Aquí, parte de la respuesta de la empresa (resumida igualmente por cuestiones de espacio):

> [...]Los recursos se entregaron al Sindicato provenientes de una operación perfectamente legal, fundada en la Ley de Presupuesto, Contabilidad y Gasto Público Federal, en la Ley Federal del Trabajo y en el Contrato Colectivo de Trabajo. Además, dichos recursos dentro de techo financiero del Presupuesto de Egresos de la Federación. SÉPTIMO. En tal virtud, carece absolutamente de fundamento legal la afirmación de que esta operación hubo desvío de recursos o que los mismos proceden o representa en el producto de una actividad y menos aún de la comisión de algún delito. 9) Dicho convenio se firmó por el entonces Director General de Pemex Rogelio Montemayor Seguy y el diputado Carlos Romero Deschamps, quienes al momento de la celebración de dicho convenio contaban con todas las facultades legales y poder necesarios para obligar a lo estipulado en el mismo.
>
> [Hasta aquí la contestación de Pemex.]

Y más allá de juicios, reglamentos y explicaciones legales, es pertinente plantear estas preguntas:

¿Es ético y moral, si bien legal, que los dineros de Pemex se destinen a pagar juicios del sindicato?

¿Es ético y moral que los recursos petroleros sean utilizados para procesos jurídicos que se ventilan contra un particular extranjero?

¿Es ético y moral que se reconozca la participación del director de Pemex y del secretario del sindicato petrolero (diputado, como agregado) en un mecanismo compensatorio financiero a todas luces arbitrario y abusivo?

Sí: las operaciones financieras de Pemex, encubiertas siempre bajo el manto de la opacidad, a costa de los presupuestos federales.

Sólo en México.

El siguiente, es el camino que recorrieron los 640 millones de pesos que se entregaron al sindicato. Quiénes operaron esta fortuna. Nombres y apellidos. Los bancos participantes. El *modus operandi*. El rastro del dinero. Un abuso de poder más en el país de la impunidad:

> [...] En efecto, una vez autorizados Antonio Melitón Cázeres Castro, Alonso Veraza López, Andrés Heredia Jiménez, al igual que Elpidio López López, Gerardo Trejo Mejía y Joel Hortiales Pacheco por Luis Ricardo Aldana Prieto, en su calidad de secretario tesorero (del STPRM) y persona facultada para disponer del monetario ingresado a la cuenta bancaria No. 5590206999 de Banco Mercantil del Norte, S.,A., del 9 al 20 de junio de 2000, realizaron un total de 14 retiros en efectivo bajo el siguiente orden:

Fecha	N° Cheque	Importe	Efectivo entregado a:
09/JUN/00	051	$ 43'000,000.00	Andrés Heredia Jiménez y Joel Hortiales Pacheco
09/JUN/00	052	$ 57'000,000.00	Andrés Heredia Jiménez y Joel Hortiales Pacheco
12/JUN/00	053	$ 52'000,000.00	Elpidio López López y Joel Hortiales Pacheco
13/JUN/00	054	$ 48'000,000.00	Antonio Melitón Cázeres Castro y Andrés Heredia Jiménez
14/JUN/00	055	$ 54'000,000.00	Gerardo Trejo Mejía y Joel Hortiales Pacheco
15/JUN/00	056	$ 46'000,000.00	Andrés Heredia Jiménez y Antonio Melitón Cázeres Castro
16/JUN/009	057	$ 45'000,000.00	Andrés Heredia Jiménez y Alonso Veraza López
16/JUN/00	058	$ 43'000,000.00	Andrés Heredia Jiménez y Joel Hortiales Pacheco

19/JUN/00	059	$ 57'000,000.00	Andrés Heredia Jiménez y Antonio Melitón Cázeres Castro
20/JUN/00	060	$ 55'000,000.00	Joel Hortiales Pacheco y Elpidio López López
21/JUN/00	061	$ 32'000,000.00	Luis Ricardo Aldana Prieto
22/JUN/00	062	$ 38'000,000.00	Luis Ricardo Aldana Prieto
23/JUN/00	063	$ 33'000,000.00	Luis Ricardo Aldana Prieto
23/JUN/00	064	$ 37'000,0000.00	Luis Ricardo Aldana Prieto
	TOTAL	$640'000,000.00	

Lo anterior se encuentra plenamente acreditado con el documento que registra los movimientos que se realizaron del 6 al 20 de junio de 2000, en la cuenta número 5590206999 de Banco Mercantil del Norte, S.,A. a nombre del Sindicato de Trabajadores Petroleros de la República Mexicana, debidamente certificado por funcionario de la Institución de Crédito Banco Mercantil del Norte, S.A., así como también de las copias certificadas de los títulos de crédito, todos ellos expedidos a favor del Sindicato de Trabajadores Petroleros de la República Mexicana y que han sido descritos en el cuadro que antecede y cuyos importes en suma representaron $640'000,000.00 (seiscientos cuarenta millones de pesos 00/100 moneda nacional) que Petróleos Mexicanos erogó con cargo a su cuenta N° 102135752 de Banco Inverlat; de los oficios N° 110283-Q de fecha 17 de octubre de 2001, suscrito por Funcionaria de Banco Mercantil del Norte; el propio escrito de fecha 8 de junio de 2000, rubricado por Luis Ricardo Aldana Prieto, secretario tesorero del Sindicato de Trabajadores Petroleros de la República Mexicana, mediante el cual autorizó a los señores Melitón Antonio Cázares Castro, Alonso Veraza López, Andrés Heredia Jiménez, al igual que Elpidio López López, Gerardo Trejo Mejía y Joel Hortiales Pacheco por Luis Ricardo Aldana Prieto, quienes del 9 al 20 de junio de 2000 realizaron un total de diez retiros de diversas cantidades en efectivo de las instalaciones de Banco Mercantil del Norte, S.A. hasta por la suma de $500'000,000.00 (quinientos millones de pesos 00/100 m.n.) mismos que beneficiaron al Partido Revolucionario Institucional, mientras que por su parte el propio Luis Ricardo Aldana Prieto, secretario tesorero del Sindicato de Trabajadores Petroleros de la República Mexicana se benefició hasta por la suma de $140'000,000.00 (ciento cuarenta millones de pesos 00/100 m.n.), lo que en total representan los $640'000,000.00 (seiscientos cuarenta millones de pesos 00/100 m.n.) que Petróleos Mexicanos, mediante la suscripción del Convenio Administrativo Sindical N° 9399 de fecha 5 de junio de 2000, distrajo recursos públicos de su objeto en beneficio de los ya mencionados Partido Revolucionario Institucional y Luis Ricardo Aldana Prieto.

Elementos de prueba que cuentan con valor probatorio pleno en términos de los numerales 206, 242, 246, 249, 251, 280, 285, 287 y 289 del Código Federal de Procedimientos Penales, resultan ser aptas, suficientes e idóneas para acreditar que los recursos públicos que la entidad paraestatal entregó al Sindicato de Trabajadores Petroleros de la República Mexicana a título de préstamo, no fueron aprovechados por la citada organización sindical ni muchos menos por sus agremiados, sino en el caso particular se conoce beneficiaron al Partido Revolucionario Institucional y a Luis Ricardo Aldana Prieto, quien se desempeña con el carácter de secretario tesorero del mencionado sindicato petrolero, lo que evidencia sin lugar a dudas en forma por demás categórica e indubitable, que la firma del Convenio Administrativo Sindical número 9399 de fecha 5 de junio de 2000, mediante el cual Rogelio Montemayor Seguy, Carlos Fermín Juaristi Septién, Juan José Domene Berlanga y Julio Pindter González, conjuntamente con José Alberto de Corazón de Jesús Gheno Ortíz y otras personas otorgaron un préstamo a los líderes sindicales por la cantidad de $640'000,000.00 (seiscientos cuarenta millones de pesos 00/100 m.n.) resultó ser el medio a través del cual lograron distraer el numerario en detrimento del patrimonio de Petróleos Mexicanos como ha quedado evidenciado a lo largo del presente apartado.

[Hasta aquí lo contemplado en la averiguación previa.]

¿Qué ocurrió con estas acusaciones?

Absolutamente nada.

México: el país de la impunidad.

¿Y POR QUÉ NO DOS MIL MILLONES DE PESOS MÁS?

Entre las máximas priistas, una de las más socorridas y redituables es aquella que dice: "Vivir fuera del presupuesto es vivir en el error." Y vaya que la han sabido aplicar.

A los 640 millones de pesos obsequiados al sindicato petrolero para financiar sus demandas judiciales (y al PRI), habrá que agregar... ¿le parecen 1,600 millones de pesos adicionales? ¿Por qué concepto? Por el que usted quiera. Por lo pronto, la justificación financiera quedó encuadrada oficialmente en la investigación bajo el rubro: "Múltiples conceptos que resultaron ajenos a la relación obrero patronal."

Veamos el siguiente cuadro:

Las conductas desplegadas por los indiciados Carlos Antonio Romero Deschamps, Jesús Olvera Méndez y Luis Ricardo Aldana Prieto, conjuntamente con Rogelio Montemayor Seguy, Cartlos Juaristi Septién, Juan José Domene Berlanga, Manuel Gómez Peralta Damirón, José Alberto del Corazón de Jesús Gheno Ortíz y Julio Pindter González y otras personas, es susceptible de reproche penal, ya que la misma se hizo consistir en haber celebrado distintos actos jurídicos a través de los cuáles se comprometieron y pagaron 2'220,354, 414.00 (dos mil doscientos veinte millones, trescientos cincuenta y cuatro mil, cuatrocientos catorce pesos m.n.), en los siguientes conceptos: ---

$12'500,000.00
$22'314,414.00
$540,000.00
$350,000,000.00
$640,000,000.00
$15,000,000.00
$80'000,000.00
$1100,000,000.00
TOTAL: 2'220,354,414.00

Lo anterior a favor del Sindicato de Trabajadores Petroleros de la República Mexicana, por múltiples conceptos que resultaron ajenos a la relación obrero patronal y por ende extraordinarios; sin contar con suficiencia presupuestal para su concertación y posterior pago, afectándose una partida presupuestal que resultó ajena al tipo de obligaciones que se generaron con los convenios que más adelante se describen, además de que los pagos fueron ilegales.

Y más:

> Con fecha ocho de mayo del año dos mil, los indiciados Rogelio Montemayor Seguy; Carlos Fermín Juaristi Septién; Juan José Domene Berlanga y Julio Pindter González a nombre y en representación de Petróleos Mexicanos, conjuntamente con los indiciados Carlos Antonio Romero Deschamps y Luis Ricardo Aldana Prieto, representantes del Sindicato de Trabajadores Petroleros de la República Mexicana, celebraron el Convenio Administrativo Sindical identificado con el número 9356, mediante el cual comprometieron el patrimonio del organismo descentralizado, mismo que tenían en administración por razón de los cargos que ocupaban, en un monto igual a la cantidad de $350'000,000.00 (trescientos cincuenta millones de pesos 00/100 m.n.) por concepto de finiquito al supuesto incumplimiento de compromisos generados durante las revisiones contractuales y salariales correspondientes a los años de 1997, 1998 y 1999, destacándose que el Anexo Único de dicho acuerdo de voluntades se pactó el pago de los conceptos siguientes:

Fecha	Concepto	Monto
15/mayo/2000	Contribución al fondo sindical de ayuda de carácter social a distintos sectores de bajos recursos de las localidades petroleras.	$50´000,000.00
15/mayo/2000	Ayuda complementaria al STPRM en apoyo a los gastos originados por la concentración del 1° de mayo del 2000, de trabajadores petroleros de las diversas regiones.	$20´000,000.00
19/mayo/2000	Contribución extraordinaria por rehabilitación de vehículos al servicio del Comité Ejecutivo General y de cada una de las 36 Secciones del STPRM.	$25´000,000.00
23/mayo/2000	Apoyo al S.T.P.R.M. para gastos de previsión, a favor de los empleados de la Organización Sindical tanto en el Ejecutivo General como en cada una de las 36 Secciones del STPRM.	$50´000,000.00
23/mayo/2000	Apoyo para renovación y complementación del equipo de cómputo y telecomunicaciones del Comité Ejecutivo General y de cada una de las 36 Secciones del STPRM.	$8´000,000.00

Los conceptos que se han trascrito textualmente del Anexo Único del Convenio 9356, implicaron erogaciones que en su conjunto suman la cantidad de $153´000,000.00 (Ciento cincuenta y tres millones de pesos 00/100 moneda nacional) resultan ser ajenos a las prestaciones previstas en el Contrato Colectivo de Trabajo que la entidad tiene celebrado con la organización sindical y evidentemente no forma parte de las relaciones de trabajo que el organismo sostiene con los agremiados al sindicato, lo que se acredita plenamente con la documental pública consistente en la copia certificada del oficio identificado con el número OAG/CONS/117/02, de fecha 14 de febrero de 2002, suscrito por el abogado general de Petróleos Mexicanos, en el que se indica que la obligación de pago prevista en el convenio 9356 para satisfacer aportaciones diferidas de carácter social, contempla aportaciones que "[...] por determinación exclusiva de la empresa se han otorgado al Sindicato en determinadas ocasiones, las cuales en nuestra opinión constituyen pagos que debieron ser autorizados por el Consejo de Administración en atención a lo dispuesto por el artículo 58, fracción XVI de la Ley Federal de las Entidades Paraestatales, así como en la fracción XIII del artículo 4° del Reglamento de la Ley Orgánica de Petróleos Mexicanos".

Hasta aquí lo observado en la AP correspondiente.

La ley de Pemex.

La ley del STPRM

La ley Romero Deschamps.

TWO PER CENT

La voracidad financiera en el vínculo Pemex-Sindicato carece de límites. Ha sido un barril sin fondo que llevó a la empresa más importante del país a la quiebra técnica, y con la Reforma Energética de agosto de 2014, al rescate de las pensiones de los trabajadores petroleros, a costa de los impuestos de millones de mexicanos. Algunos lo llamaron el "Foba-Pemex". Y tienen razón.

Por si fueran pocos los miles de millones de pesos entregados al sindicato, había una cláusula en la que se estipulaba que dos por ciento de los contratos de Pemex sobre obras y servicios, corresponderían a las arcas del STPRM. Inimaginable la cantidad de millones de dólares que se embolsaron por este concepto. Presupuestos enteros anuales, seguramente, de cualquier secretaría de Estado.

Revisemos parte de la declaración ministerial que por escrito presentó quien fuera, en el año 2000, subdirector de Relaciones Laborales de Petróleos Mexicanos, Julio Pindter González, el 11 de septiembre del 2002:

Asimismo gestionó con el mismo director general Rogelio Montemayor Seguy, apoyos a la "hacienda sindical" (obligaciones no correspondientes a prestaciones del Contrato Colectivo) que había disminuido sensiblemente y que con anterioridad se venían otorgando, consistentes esencialmente en ingresos obtenidos por el sindicato derivado del porcentaje de dos por ciento sobre contratos de obras y servicios, tienda sindical, cuotas sindicales por número de trabajadores a esa fecha reducida en aproximadamente 55 por ciento, y participación directa o subcontratada en los contratos de trabajo en la industria petrolera. Como consecuencia de lo anterior supongo que el director general Rogelio Montemayor Seguy, y el secretario general del Sindicato Carlos Romero Deschamps, tomaron el acuerdo consistente en que el STPRM recibiría diversos apoyos económicos por parte del organismo. El acuerdo tomado, fue hecho del conocimiento del suscrito por conducto del director corporativo de Finanzas, Juan José Domene Berlanga, verbalmente y mediante una hoja de papel escrita a puño y letra del mismo (aunque no estuve presente al momento que la escribió ello se advierte del tipo de letra que corresponde a la que el suscrito conocía como la que usa el mencionado Director de Finanzas), que me fue entregada.

Pero hay mucho más.

De cómo "propinas financieras" se entregaron. Basta echarle un vistazo al rosario de gastos millonarios que, con el menor pretexto, se daban a Romero Deschamps y a su camarilla por parte de Pemex. Abusos que indignan.

Texto de la declaración ministerial de Julio Pindter González :

Desde ahora manifiesto que el suscrito no ha cometido conducta delictiva alguna como en su momento acreditaré a lo largo del presente escrito, en el que expongo los hechos que sé y me constan, con la finalidad que esta autoridad conozca debidamente los mismos, por lo que expongo:

1. OPERACIÓN 6 DE MARZO DE 2000. Correspondencia interna número 6/ANSC-418/2000. $12,500,000.00 (doce millones quinientos mil pesos m.n.).

Concepto: Apoyo para viáticos, transportación, playeras, gorras, mantas y gastos diversos en las 36 secciones del sistema petrolero, con motivo del evento conmemorativo del LXII Aniversario de la Expropiación Petrolera […].

2. OPERACIÓN DE 27 DE ABRIL DE 2000. Correspondencia interna 6/ANSC-715/99. $22,314,414.00 (veintidós millones trescientos catorce mil cuatrocientos catorce pesos 00/100 m.n.)

Concepto: Apoyo para viáticos, transportación, playeras, gorras, mantas, distintivos, y gastos diversos, para la movilización de veinte mil trabajadores miembros de las 36 secciones del Sindicato de Trabajadores Petroleros de la República Mexicana que participarán en el desfile del Primero de Mayo que se celebra en esta Capital [...].

3. OPERACIÓN 11 DE MAYO DE 2000. CONVENIO ADMINISTRATIVO SINDICAL 1-9356. 3 DE MAYO DE 2000. Correspondencia interna 6/ANSC-796/2000. $540,000.00 (quinientos Cuarenta Mil Pesos 00/100 m.n.).

Concepto: Ayudas económicas de carácter social que vienen realizando las secciones del Sindicato, en apoyo de algunos trabajadores que fueron separados de su puesto titular por extinción o disminución de la materia de trabajo, para reacomodarse en distinta localidad [...].

4.- CONVENIO ADMINISTRATIVO SINDICAL 9356. 8 DE MAYO DE 2000. Diez diversas correspondencias internas. $350,000,000.00 (trescientos cincuenta millones de pesos 00/100 m.n.)

Concepto: Aportaciones diferidas de carácter social, tanto las incluidas en el Contrato Colectivo de Trabajo como las que por determinación exclusiva de la empresa se han venido acreditando en determinadas ocasiones y cuya relación se precisa en el anexo del Convenio [...].

4) Correspondencia interna 6/ASCN-817/2000 de 15 de mayo de 2000. Monto de $20,000,000.00 (veinte millones de pesos 00/100 m.n.)

Concepto: Gastos originados por la concentración del día 1 de mayo de 2000 de trabajadores petroleros de diversas regiones [...].

5) Correspondencia interna número 6/ASCN-843/2000 de fecha 19 de mayo 2000. Monto de $25,000,000.00 (veinticinco millones de pesos 00/100 m.n.).
Concepto: Contribución extraordinaria por rehabilitación de vehículos al servicio del Comité Ejecutivo General y cada una de las 36 secciones del STPRM.
6) Correspondencia interna número 6/ASCN-844/2000 de fecha 23 de mayo 2000. Monto de $50,000,000.00 (cincuenta millones de pesos 00/100 m.n.).
Concepto: Gastos de previsión a favor de empleados de la Organización sindical tanto del Ejecutivo General como en cada una de las 36 secciones [...].
7) Correspondencia interna número 6/ASCN-845/2000 de fecha 23 de mayo 2000. Monto de $ 8,000,000.00 (ocho millones de pesos 00/100 m.n.).
Concepto: Apoyo para renovación y complementación del equipamiento de cómputo y telecomunicaciones del Comité Ejecutivo General y cada una de las 36 secciones del STPRM [...].
8) Correspondencia interna número 6/ASCN-883/2000 de fecha 30 de mayo 2000. Monto de $47,000,000.00 (cuarenta y siete millones de pesos 00/100 m.n.).
Concepto: Ayuda para el mantenimiento de instalaciones deportivas del Comité Ejecutivo General y cada una de las 36 secciones que lo integran [...].
9) Correspondencia interna número 6/ASCN-913/2000 de fecha 5 de junio de 2000. Monto de

$35,000,000.00 (treinta y cinco millones de pesos 00/100 M.N.).

Concepto: Re-equipamiento de las Cooperativas de las 36 secciones del STPRM y locales de la central de abasto del Comité Ejecutivo General [...].

10) Correspondencia interna número 6/ASCN-925/2000 de fecha 7 de junio de 2000. Monto de $25,000,000.00 (veinticinco millones de pesos 00/100 m.n.)

Concepto: Rehabilitación de instalaciones y modernización del mobiliario y equipo de las bibliotecas de las 36 secciones y las 60 Delegaciones del ST-PRM [...].

[Según puede apreciarse de las correspondencias internas que guardan en relación con la operación que se estudia, en todas y cada una de ellas aparece la leyenda "POR ACUERDO SUPERIOR" toda vez que ello así se advierte de los antecedentes narrados (orden del Director General Dr. Rogelio Montemayor Seguy hecha de mi conocimiento por el Licenciado Domene Berlanga y ratificada dicha orden por el Licenciado Carlos Juaristi Septién)] [...].

11) ACUERDO CMRS-CE/002/2000 DE 31 DE JULIO DE 2000. OPERACIÓN DE 31 DE JULIO 2000. Correspondencia interna DCA-1014. Monto: $80,000,000.00 (ochenta millones de pesos 00/100 m.n.).

Concepto: Gastos erogados durante los meses de febrero a agosto en las etapas previa y posterior a la Revisión Salarial año 2000 [...]

¿Qué tal?

Millones de pesos para los autos de los líderes, para que hagan deporte sus agremiados, para computadoras. Y sí: también para bibliotecas. ¡Pero no seamos malpensados! Resulta que Romero Deschamps es un hombre que seguramente lee mucho. Es muy culto. Es un letrado. Es un patriota.

EL TESORERO

Frank Nitti era a Al Capone, lo que Ricardo Aldana es a Carlos Romero Deschamps.

"Aldana es un hombre extremadamente callado. No da declaraciones, discreto, y de una lealtad absoluta a Romero Deschamps", definen quienes han conocido al tesorero petrolero.

Carlos y Ricardo. Líderes sindicales. Compadres. Amigos. Secuaces. La piel de uno cubriendo al otro, suelen comer y beber juntos de manera frecuente. Un buen coñac XO, su bebida preferida.

Las operaciones multimillonarias entre Pemex y su sindicato, no podrían explicarse sin la presencia de Aldana, ex diputado y ex senador. Por el PRI, por supuesto. Aldana ha sido el gozne financiero entre empresa y sindicato. La llave de los dineros. Aldana, el financiero del grupo.

Así queda remachado con la declaración de Héctor Fernando Rivas Martínez, dentro de la AP PGR/UEDO/ 102/2002/ (Petición de Desafuero) (Fragmentos):

> [...] señaló que los cheques los recibió de parte de Luis Ricardo Aldana Prieto, para sacar los 640 millones de pesos y después se lo entregó a José Luis Córdova Illades

[…] Manifiesta: que en el año 2000, se desempeñaba como director divisional de la Zona Metropolitana en Banco Mercantil del Norte, y recuerdo que en los primeros días del mes de junio del año 2000 sin recordar la fecha con precisión, recibí en mis oficinas citadas en mis generales, enviados de la oficina de Sindicato cheques sin recordar la cantidad de cheques, mismos que conservé en mi oficina, hasta que el mismo día pasó Luis Córdova Illades, a quien se los entregué por ser el encargado del área de banca patrimonial, cuya función era la de la atención personal a los clientes, siendo que esto debió ser en el transcurso de la mañana, sin poder recordar con exactitud en virtud de haber sido estos hechos hace dos años.

Que me enteré que José Luis Córdova Illades, entregó a su vez los cheques a la caja general de la Viga para su cobro. Que deseo precisar que estos hechos antes señalados se derivaron de un comentario que me señaló mi jefe inmediato Marcelo Guajardo Vizcaya, quien me comentó que había recibido una llamada del tesorero del Sindicato de Trabajadores Petroleros de la República Mexicana, siendo el señor Aldana, por lo que me solicitó que se instrumentara la operación, siendo que este trámite es normal, como era normal que cantidades grandes de dinero, por seguridad y por norma, se pagan en la caja general de la Viga y por esta razón es por la cual Aldana nos envió por seguridad los cheques, para que a su vez fueran enviados a la caja general de la Viga. Siendo todo lo que me consta […].

Por último, está el hecho de que Luis Ricardo Aldana Prieto se quedó con la cantidad en efectivo de 140 millones de pesos de los 640 millones, pero que además tenían interés de que los otros 500 millones lle-

garan al Partido Revolucionario Institucional, y basta
ver que Luis Ricardo Aldana Prieto es senador de la República Mexicana, por el partido antes citado, y Carlos
Romero Deschamps, por la fórmula de representación
proporcional, también es diputado federal, por el Partido Revolucionario Institucional, bastaría ver su fecha
de registro ante el Instituto federal Electoral y el lugar
en donde estaban en las listas [...].

Lo que confirma que la suscripción del Convenio
Administrativo Sindical Número 9399 de fecha 5 de
junio de 2000, constituyó el medio mediante el cual
los directivos de Petróleos Mexicanos, sacaron recursos públicos del orden de $640'000,000.00 (seiscientos
cuarenta millones de pesos 00/100 m.n.) distrayéndolos
de su objeto, pues ha quedado plenamente acreditado,
por un lado, que el numerario no fue empleado para
solventar las gastos y costos originados por las pretendi-
das demandas legales instauradas en contra del Comité
Ejecutivo General del Sindicato de Trabajadores Petroleros de la República Mexicana y de sus 36 secciones,
y por otra, que tales recursos beneficiaron a un partido
político y a Luis Ricardo Aldana Prieto en su carácter
de Secretario Tesorero, lo que pone de manifiesto el
actuar antijurídico de los servidores públicos pues co-
nocedores de que no estaban procediendo conforme
lo estipula el párrafo segundo de la cláusula 246 del
Contrato Colectivo de Trabajo, otorgaron el préstamo,
circunstancia irregular que corroboran los oficios Nos.
DCA.- 0167/2002 de fecha 12 de febrero de 2002 y el
diverso DCA.-0221/2002 de fecha 20 de febrero del
año en curso, ambos suscritos por el Director Corporativo de Administración de Petróleos Mexicanos [...].

TODOS SOMOS INOCENTES...

A pesar de la avalancha de pruebas en su contra, el exdirector general de Pemex, Rogelio Montemayor Seguy, fue exonerado de los cargos de peculado electoral y de uso indebido de atribuciones.

Labastida Ochoa es senador en la actualidad.

Romero Deschamps también ocupa una curul en el Senado y continúa siendo líder del sindicato petrolero.

Por lo menos, hasta ahora, su compañero de partido, Enrique Peña Nieto, le ha cumplido el pacto que tienen.

ELBA ESTHER: "LA QUINA" DE PEÑA NIETO

Febrero 6 de 2013.

Esa noche –precisamente en su cumpleaños 68–, se decidió la aprehensión y encarcelamiento de Elba Esther Gordillo.

Dos momentos.

Primero:

Al calor de los brindis, de la camaradería, de las felicitaciones, en un restaurante de la exclusiva zona de Santa Fe en la ciudad de México, se celebraba el cumpleaños de la maestra, la aún todopoderosa del Sindicato Nacional de Trabajadores de la Educación (SNTE). Allí, con ella, políticos, amigos, líderes seccionales, colaboradores. Familia. Música. Regalos. Fiesta. Con las copas llegaba la inevitable plática política –¿de qué más? Gordillo comenzó a criticar y a cuestionar al gobierno entrante de Enrique Peña Nieto, con quien mantenía una relación estrictamente institucional. Ni cercana ni amistosa. Ni aliados ni amigos.

Pero a la maestra se le olvidó una máxima: siempre hay unos ojos que ven y unos oídos que escuchan.

Segundo:

Ese mismo día, a esa hora nocturna, en Los Pinos, apenas con 66 días en el poder presidencial, el priista Enrique Peña Nieto tenía una reunión con sus hombres: Luis Videgaray,

amigo, confidente, integrante del poderoso Grupo Atlacomulco, secretario de Hacienda; Miguel Ángel Osorio Chong,
colaborador, operador político, cabeza del Grupo Pachuca,
secretario de Gobernación; y Jesús Murillo Karam, abogado,
integrante del grupo político de Manlio Fabio Beltrones, procurador general de la República. El tema era uno: Elba
Esther Gordillo.

De alguna manera en Los Pinos se enteraban, justo
cuando estaba ocurriendo, sobre las críticas que Gordillo
—aliada del poder presidencial con Salinas, Zedillo, Fox y Calderón— lanzaba en sobremesa, la noche de su cumpleaños, en
contra de Peña Nieto. La escucharon. La enjuiciaron.

Las acusaciones: ir en contra de la Reforma Educativa,
criticar al presidente, ser adversa al grupo en el poder desde
que Peña era gobernador del Estado de México.

El veredicto: culpable.

El castigo: la cárcel.

Ni defraudación fiscal, ni lavado de dinero, ni delincuencia organizada… por el momento. Los cargos eran razón de
Estado: ser contraria a los designios de Los Pinos.

El único que mostró cierto desacuerdo con el encarcelamiento, porque no veía un sustento jurídico sólido, fue el procurador Murillo Karam, quien expresó sus dudas.

Pero la decisión ya la había tomado el "grupo compacto".
Pragmáticos, eliminando cualquier escrúpulo u obstáculo, vie-
ron titubeante al procurador Murillo Karam. No habría problema. Como operador encomendarían el "Expediente Elba
Esther" a un funcionario cuya ética es negociable: Alfredo Castillo, entonces subprocurador de Control Regional, Procedimientos Penales y Amparos de la PGR. Sí, el mismo fiscal que
encubrió la desaparición de la niña Paulette Gebara Farah.
(Ver *Paulette, lo que no se dijo*, Martín Moreno, Editorial Aguilar.)

Asunto solucionado.

Hombre de rencores, Peña Nieto ajustaba cuentas.

Veinte días después, Elba Esther Gordillo era detenida en el Aeropuerto Internacional de Toluca.

"¡No saben la que voy a armar…!", amenazó Gordillo a los agentes federales que la detuvieron.

Esta historia aún no termina.

EL PRIMER CHOQUE

Por supuesto que la intención de este capítulo no es defender ni redimir a Elba Esther Gordillo de su turbia carrera como dirigente magisterial, ni mucho menos disculparla o "lavarle la cara". Nada más alejado del propósito periodístico de este texto.

Para el autor, lo que representa y ha significado Gordillo para el sindicalismo mexicano, en complicidad con Los Pinos y con el poder político, está plasmado y detallado en mi anterior libro: *Abuso del poder en México*, capítulo "Elba Esther: la bruja del cuento", publicado por editorial Aguilar. En ese trabajo de investigación periodística reflejo –me parece– que Elba Esther ha sido una página negra para la educación mexicana.

Sin embargo, los mexicanos no merecen más mentiras. Muchas se han tenido que tragar a lo largo de la historia. ¡Ya no más!

Si Elba Esther Gordillo está en la cárcel, no es, estrictamente, por cuestiones monetarias, fiscales o delitos financieros. Su reclusión va más allá.

Por lo investigado para este capítulo —y si bien son conocidos sus abusos cuando era dirigente del SNTE (como lo presentaremos en estas páginas), y por los testimonios y hechos que como periodista he percibido para la integración de esta historia—, puedo inferir que Elba Esther Gordillo está en prisión más por cuestiones políticas que por asuntos de manejo ilícito de dineros.

Enviarla a prisión obedeció, más que a un intento de hacer justicia a la educación básica en México y de sanear al sindicato magisterial, a razones eminentemente políticas.

Peña Nieto nunca vio con buenos ojos a Elba Esther Gordillo.

Conozcamos un pasaje:

Cuando era gobernador del Estado de México, Peña Nieto recibió la visita de Elba Esther y de uno de los consentidos de la maestra: el gobernador de Coahuila, Humberto Moreira. Eran las semanas previas al nombramiento del candidato del PRI a la gubernatura mexiquense. Nada menos que el sucesor de Peña.

—No te conviene dejar a del Mazo... ni garantiza el triunfo y sí afectará tu imagen...—, le dijo Elba a Peña Nieto.

Gordillo tenía razón: Alfredo del Mazo Maza —hijo del ex gobernador Alfredo del Mazo González, frustrado candidato presidencial en 1987 y una de las cabezas del grupo Atlacomulco—, favorito de Peña para sucederlo en la gubernatura —son primos—, se mostraba con escasa fuerza para ganar la gubernatura, apareciendo en algunas encuestas prácticamente con empate técnico con el perredista Alejandro Encinas. La tradicional supremacía política priista, y del grupo, estaba en riesgo con del Mazo, un junior sin carisma.

Del Mazo no debe ser el candidato, le dijeron Elba Esther y Moreira al futuro presidente de México.

Peña Nieto sabía que sus visitantes tenían razón. A pesar de su afecto personal con del Mazo, no le garantizaba la victoria en las elecciones del 2011.

Finalmente fue el ecatepense Eruviel Ávila el candidato en el Edomex, ganando sin ningún problema la elección por el PRI.

Pero a Peña Nieto no le agradó que Elba Esther y Moreira le fueran a decir qué hacer en la entidad que los integrantes del Grupo Atlacomulco ven como de su propiedad. Aún más: le molestó que le indicaran a quién no postular como su virtual sucesor. Fue una muestra de soberbia: ir en contra de los designios del poderoso grupo mexiquense.

Desde entonces, Peña Nieto puso en la mira a la lideresa del SNTE.

Hoy, Elba está en prisión.

¿Y Moreira? Corrido de la presidencia nacional del PRI justo cuando Peña Nieto era candidato presidencial. Desprestigiado y exiliado.

En política no hay coincidencias.

DE LO POLÍTICO A LO LEGAL

La percepción de que Elba Esther Gordillo está en prisión más por cuestiones políticas que financieras, se sostiene también bajo una realidad innegable: la influencia que, a la luz de los hechos, tiene el expresidente Carlos Salinas de Gortari —responsable directo de la crisis económica más dolorosa en la historia de México—, sobre algunos aspectos del gobierno de Peña Nieto.

Uno indiscutible: el manotazo sobre el escritorio, al arranque de sus respectivos sexenios, para enviar el mensaje de intimidación presidencial.

Hay indudablemente, entre Salinas de Gortari y Peña Nieto, un paralelismo histórico.

Si bien Salinas tuvo que encarcelar, iniciando su gobierno, al entonces todopoderoso líder petrolero, Joaquín Hernández Galicia, "La Quina" –quien le jugó contras durante la campaña presidencial–, con el fin de obtener legitimidad política tras haber llegado a Los Pinos, en 1988, vía un fraude electoral tan documentado como probado, Enrique Peña Nieto no tenía ese problema de legitimidad, aún cuestionado por la manera como, según sus opositores, compró la elección en 2012.

Y si no tenía problemas de legitimidad política como Salinas, ¿por qué Peña Nieto estaba prácticamente obligado a dar un "quinazo" al estilo Salinas de Gortari?

Elemental: para asestar el mismo golpe de autoridad que Salinas, 24 años después. Para hacerse sentir.

El manotazo sobre el escritorio para lanzar el mensaje: aquí hay presidente.

¿Por qué Elba Esther a la cárcel?

Por ser contraria y crítica del presidente de la República.

Y si a Elba se le acusa de diversos delitos y la intención es, en realidad, limpiar al sindicalismo mexicano, ¿por qué no hacerlo también con ese emblema a la corrupción llamado Carlos Romero Deschamps?

La respuesta: porque el líder del sindicato petrolero es aliado y soporte político y financiero del PRI. (Ver capítulo anterior de este libro.)

10 de enero de 1989: Salinas ordena la captura de "La Quina" Hernández Galicia.

26 de febrero de 2014: Peña ordena la aprehensión de Elba Esther Gordillo.

Insisto: en política no hay coincidencias.

En el aspecto legal, el abogado Marco Antonio del Toro, encargado de la defensa de Elba Esther Gordillo, sustenta que la maestra podría quedar libre a la brevedad, debido a que las acusaciones de delincuencia organizada y lavado de dinero son infundadas, y no hay pruebas para demostrarlo.

"En una reflexión objetiva, en tanto que el recurso de revisión se resuelva de manera expedita y se determine la inconstitucionalidad en los delitos de lavado y delincuencia organizada, y se declara el amparo de defraudación, el cual no debería ser grave y tampoco se cometió; cumpliendo esto, quedaría libre", declara del Toro.

ELBA ESTHER... SU UNGIMIENTO... LA TODOPODEROSA...

El perfil político del encarcelamiento de Elba Esther Gordillo en nada —absolutamente en nada—, borra sus abusos cuando era secretaria general del SNTE.

El cacicazgo ejercido por Elba Esther, sus derroches, sus propiedades, sus riquezas, sus chantajes, es una historia que allí quedará para siempre, impune, imborrable, desnuda.

Los abusos de Gordillo la convirtieron, sin duda, en un demonio del sindicalismo mexicano.

La historia no cambia ni se reinventa. Allí está, indeleble, de acero. Para lección y consulta. Por ello, para la siguiente parte de este capítulo, si bien aportamos nuevos materiales, también recurrimos a algunos pasajes del libro *Abuso del poder en México*, de este autor.

24 de abril de 1989.

Secretario de Educación Pública del gobierno de Carlos Salinas de Gortari, Manuel Bartlett desayuna con el periodista Félix Fuentes, autor de la leída e influyente columna política "En la línea", publicada en los diarios *Ovaciones* —en una primera etapa—, y en *El Universal* durante 22 años. Político y periodista.

—Hoy en la tarde le pido el sindicato de maestros a Carlos Jonguitud Barrios...

—¿Y por qué? ¿Qué hizo?—, inquirió Fuentes.

—No sé... tengo órdenes del presidente...

—¿Y qué le vas a decir?

—Pues que me entregue el sindicato...

—¿Y si te dice que no?

—Pues le diré entonces que vea lo que le pasó a "La Quina"...

—¿Y quién quedará en su lugar?

—Elba Esther Gordillo... es propuesta de Camacho Solís [regente del Distrito Federal entonces] al presidente...

La orden de Salinas se cumplió: Jonguitud entregó sin ningún problema la dirigencia del SNTE, sin consultar a las bases sindicales, como si se tratara de un empleado federal más del gobierno salinista.

Horas después, Elba Esther Gordillo era ungida como secretaria general del SNTE por orden de Los Pinos.

Así comenzó su historia: entronizada por un presidente de la República.

Así se hizo todopoderosa del SNTE: aliada con presidentes.

Así cayó: por la orden de un presidente.

El efecto más dañino para México durante la dictadura sindical (1989-2013) de Elba Esther Gordillo fue, sin duda, le influencia negativa que ejerció sobre la educación básica: en primaria y en secundaria, cuyos directores de escuelas, maestros, delegados sindicales y operadores educativos, eran designados directamente o por Elba Esther o por sus colaboradores –encarnados en 59 dirigentes seccionales en todo el país–, favoreciendo simpatías o cercanías personales por encima de eficacia o antigüedad en las aulas, o bien, plazas vendidas a la oferta y demanda del mercado educacional. O heredadas de padres a hijos, sin importar si alguno de ellos era o no profesor.

La dictadura sindical de Gordillo provocó, en los últimos 24 años, un retraso doloroso en la calidad educativa, cuyos parámetros –como se verá adelante–, demuestran su hundimiento y ruina, ubicada entre los últimos lugares de las mediciones internacionales.

¿Por qué dañó tanto Elba Esther a la educación?

Porque al nombrar ella o su claque a directores y maestros, privilegiaron amistad, favores o conveniencias políticas o económicas, sobre los más aptos para el cargo. Resultado: atraso en los programas de enseñanza básica.

Porque evitó la profesionalización magisterial, con tal de seguir manteniendo a cuadros manejables que dependían de su yugo, en vez de nuevos esquemas que hicieran más eficaz a la primaria y secundaria, o de profesores más concientizados y preparados.

"Alguna vez le propuse a Elba Esther darle clases de computación a los maestros. Me respondió: ¿para qué? Mejor los enviamos a cursos de superación personal", me cuenta Josefina Vázquez Mota, quien ocupó la SEP al arranque del sexenio de Calderón. (Sobre este punto, una cifra dramática: de un millón 300 mil maestros de primaria y secundaria, casi la mitad —alrededor de 650 mil—, no sabía, hasta hace pocos años, utilizar una computadora.)

Porque al oponerse a esa profesionalización Gordillo mantuvo en el fondo de la tabla a la educación básica, sin programas acordes a los avances mundiales ni paralelos a la excelencia —hasta hoy inclusive—, ausente en la mayor parte del esquema educativo mexicano.

Porque con tal de preservar su hegemonía en el sindicato de maestros, Gordillo y sus secuaces magisteriales se opusieron a exámenes y controles de calidad educativa de fondo, que llevarían a los docentes mejor preparados a ocupar plazas de maestros o direcciones de primaria o secundaria. En lugar de ellos estaban incondicionales de Gordillo, a quienes puso y quitó a su capricho.

Porque al utilizar al magisterio como una red político-electoral, Elba Esther socavó y coptó el verdadero espíritu de servicio de los maestros: impartir enseñanza.

Porque cada sexenio, "La maestra" —como le decían sus cercanos—, veía una oportunidad no para elevar el nivel educativo, sino para insertarse en las elecciones presidenciales como plataforma de apoyo para quien le llegara al precio.

Pero lo más grave fue, sin duda, el retraso educativo que Elba Esther Gordillo le provocó a México, con legiones de ignorantes, con alumnos mal preparados, con mexicanos incultos desde la educación básica. Eso es lo que duele. Eso es lo que la historia le cobrará a Gordillo.

¿Elba Esther actuó sola? Por supuesto que no.

La cobijaron y solaparon, también, los gobiernos en turno: desde Salinas y Ernesto Zedillo (PRI), hasta Vicente Fox y Felipe Calderón (PAN).

Estudios, mediciones nacionales e internacionales, evaluaciones y diagnósticos, se han realizado en torno a la educación básica mexicana. Todos, sin excepción –dejando fuera, por supuesto, los promovidos por Elba Esther y compañía durante sus años dorados–, coinciden en dos aspectos: la educación básica mexicana se ubica entre las de peor calidad y rendimiento en todo el mundo, y es el SNTE el principal lastre para el avance en este renglón.

Tomando como fuentes de consulta a diversos estudios, trabajos periodísticos, así como cifras y escenarios proporcionados al periodista por personajes involucrados en el tema educativo, citamos una lista breve, aunque demostrativa, de cómo se encuentra la educación básica en México:

- Aproximadamente 5 millones 700 mil mexicanos mayores de 15 años, no saben leer ni escribir. Son analfabetos por una deficiente educación básica.
- México sigue ocupando el último lugar en cuanto a calidad educativa dentro de la Organización para la Cooperación y el Desarrollo Económico (OCDE).
- De acuerdo con la prueba PISA aplicada en 2008 a estudiantes de 15 años –edad de nivel secundaria–, de los 30 países de la OCDE, los mexicanos quedaron en el último sitio en cuanto a la capacidad de los alumnos para pensar científicamente e innovar. Sólo 93 compatriotas de 30 mil estudiantes de todo el mundo que presentaron el examen, lograron pasar la prueba.
- De cada cien estudiantes que ingresan a la primaria, sólo 68 la concluyen, y únicamente 35 terminan la secundaria.
- De cada cien que entran a la primaria, únicamente entre diez y quince logran un título universitario.

- De 2000 a 2010 se firmaron dos acuerdos para mejorar la calidad de la educación entre el gobierno federal y el SNTE de Gordillo: el Compromiso Social por la Calidad de la Educación (2002), y la Alianza por la Calidad de la Educación (2008). A pesar de estas acciones, los resultados de la prueba PISA, aplicada por la OCDE, revelan que el porcentaje de estudiantes que se ubicó en el nivel 1 de desempeño (el más bajo), no varió de manera significativa. En 2004, cuatro de cada diez alumnos no comprendían lo que leían, y cinco de cada diez no eran capaces de realizar operaciones matemáticas fundamentales. En 2009, los resultados fueron los mismos. (*Reforma*. 15/05/2011.)
- Prácticamente la mitad de los alumnos de secundaria muestran niveles de insuficiencia en matemáticas.
- Cuatro de cada diez maestros del Distrito Federal (DF) que presentaron el Examen de Habilidades y Competencias para el Ingreso al Servicio Docente, a fin de obtener una plaza pública, lo reprobaron.

Esa es la educación básica en la que mucho influyó Elba Esther Gordillo durante sus 24 años al frente del SNTE.

LOS NEGOCIOS

"Entre supervisores, directores y maestros, se solapan sus deficiencias. No hay sentido de la autocrítica. Se manejan como una mafia", me dijo Josefina Vázquez Mota en las oficinas que algún día ocupó el maestro José Vasconcelos.

¿Quién auditaba o fiscalizaba al SNTE de Elba Esther Gordillo? Nadie. Como las mafias.

En cálculos conservadores, Elba Esther Gordillo y la dirigencia sindical –incluida la disidencia magisterial agrupada en la Coordinadora Nacional de Trabajadores de la Educación (CNTE)–, dispusieron de cuotas sindicales anuales equivalentes a alrededor de... ¡1900 millones de pesos! sin que nadie –mucho menos los gobiernos en turno– realizara auditorías o siquiera intentara pedir cuentas a "La maestra".

¿Cómo se calculó esta cifra?

Integrantes de la corriente "Expresión Institucional" de la sección 32 del SNTE, multiplican el descuento de 110 pesos mensuales por un millón y medio de maestros, dando como resultado alrededor de 165 millones de pesos al mes, rebasando así 1900 millones de pesos anuales.

Para la CNTE, los ingresos globales anuales ascienden a entre 1200 y 1500 millones de pesos.

Otros cálculos, como el del diario *The Wall Street Journal* (31/julio/2003), arrojan alrededor de 110 millones de dólares al año.

Uno más, elaborado por la Asociación Ciudadana del Magisterio, a cargo de Noé Rivera Domínguez, señala que "si Elba Esther Gordillo transformó al SNTE de una organización corporativa a una electoral con fines expansionistas, ha sido gracias a los 104 mil 200 millones de pesos de los que dispuso durante dieciocho años de dirigencia".

En 2009, las reporteras de *Reforma*, Sonia del Valle y Haydeé Ramírez –corresponsal en Hermosillo–, publicaron, a ocho columnas, una información de escándalo:

> La presidenta nacional del SNTE, Elba Esther Gordillo, parece no conocer límites a la hora de pedir más dinero para su sindicato... ni a la hora de regalar con cargo al erario.

En la misma jornada del 26 Consejo Nacional Extraordinario del SNTE, en la que demandó que el gobierno amplíe el presupuesto para educación en casi 5000 millones de pesos ‑y amenazando con movilizaciones si no se cumple su petición‑, la dirigente dio muestras de generosidad hacia los 59 líderes seccionales al regalarles un exclusivo Hummer 2009 modelo H3 a cada uno.

Cada SUV de este modelo, sólo producido en Estados Unidos, tiene un valor de mercado superior a los 500 mil pesos, por lo que el costo total de lo regalado por Gordillo ascendería a 30 millones de pesos.

[Hasta aquí la información de del Valle y Ramírez.]

Ante las fuertes críticas por el dispendio sindical, Gordillo intentó justificar lo injustificable. Respondió:

"¿Las Hummer? Já. Es como para dar risa… se rifarán en todas las entidades federativas porque queremos apoyar la calidad educativa."

Es decir: para Elba Esther, la excelencia en la educación es directamente proporcional al tipo de camioneta que maneje cada dirigente seccional del SNTE a nivel nacional.

Y más:

Si el SNTE fuera una empresa privada, estaría reprobada en controles de calidad. Jamás, por supuesto, hubiera obtenido una certificación de excelencia con Elba Esther al frente.

Una muestra:

Únicamente el… ¡siete por ciento de las plazas para maestros de educación básica se sometían a concurso! El 93 por ciento restante se entregaba directamente al SNTE que, a su vez, las repartía sin ningún control de calidad o de fiscalización académica.

"Basta y sobra ver la presencia del sindicato en los estados, para entender que una vez más se distorsiona la labor educativa con el pago de favores a la dirigencia magisterial", asegura el especialista en política educativa, José Ángel Pescador.

"El 96 por ciento del gasto educativo es para salarios y burocracia, y lo que sobra para investigación", alertó en su momento la directora de la OCDE en México, Blanca Heredia. Nada se hizo para modificar este esquema.

Aún más:

De acuerdo con una evaluación de la Auditoría Superior de la Federación (ASF), los maestros con mayor capacidad educativa, en lugar de estar en las aulas, se encuentran comisionados en labores del sindicato.

"Más de la mitad de los profesores comisionados para trabajos sindicales, cursó el Programa de Carrera Magisterial", señala Pescador.

Primero la grilla. Luego el aula.

Los agravios y abusos en el SNTE de Elba Esther Gordillo, dentro la educación mexicana, durante 24 años, no han pasado desapercibidos en el extranjero.

En junio de 2007, la reportera de *Reforma*, Jessica Meza, daba cuenta de una investigación de la Organización de las Naciones Unidas para la Educación, la Ciencia y la Cultura (UNESCO):

La repartición y venta de plazas a través del SNTE, fue calificada como una corrupta y mala práctica que afecta a la educación en México.

"Algunas malas prácticas de despliegue o promoción del personal están sujetas al pago de sobornos en México", señala el estudio elaborado por Jacques Hallack y Muriel Poisson, del Instituto Internacional para la Planificación Educativa.

Por ejemplo, el SNTE ha establecido un sistema de patrocinio e, incluso, la venta de posiciones a docentes.

Hay muchos ejemplos de favoritismo en el campo educacional, la contratación de administradores basada en su asociación con un partido político, o de maestros basada en su asociación con el sindicato.

LAS PROPIEDADES

Durante los 24 años de dictadura sindical, Elba Esther Gordillo acumuló diversas propiedades, gracias en parte a los beneficios económicos recibidos al controlar como quiso a organismos públicos como la Lotería Nacional, Pronósticos Deportivos o el ISSSTE, que manejan miles de millones de pesos de presupuestos al año, en recompensa por los favores político-electorales recibidos.

Gordillo es, hoy todavía y aun en prisión, una mujer muy rica. Millonaria, sin duda.

El 18 de diciembre de 2006, la reportera del periódico *Reforma*, Claudia Guerrero, publicó, a ocho columnas, las casas y bienes propiedad de la lideresa de los maestros mexicanos.

Con base en esta información, enumeramos las propiedades –seis casas en Polanco y en Las Lomas y cuatro departamentos–, que alcanzan, según Guerrero, un valor aproximado de 6.5 millones de dólares, de acuerdo a documentos del Registro Público de la Propiedad y del Catastro de la ciudad de México:

- Penthouse de más de 7 millones de pesos en el número 7 de la calle de Galileo, en Chapultepec Polanco, frente a la zona hotelera más importante de la ciudad.
- Departamento en el mismo edificio, marcado con el número 11. "El excanciller Jorge Castañeda aseguró públicamente que la profesora fue su casera, cuando él habitó ahí. A ella le pagaba la renta. El departamento está valuado en 4.5 millones de pesos."
- Casa que rebasa los 10.5 millones de pesos, en Edgar Allan Poe 90, en Polanco Reforma, donde despacha su equipo y su hombre de mayor confianza, Francisco Yañez. (Nota del autor: personaje encargado de controlar la vivienda magisterial y director de la Lotería Nacional al inicio del sexenio de Calderón. Posteriormente cayó de la gracia de Gordillo.)
- Casa contigua a la ubicada en Edgar Allan Poe 90, marcada con el número 86 y que también aparece a nombre de Gordillo, de acuerdo con la clave catastral 03310210.
- Boulevard de Los Virreyes 510. Casa con valor de 13 millones 682 mil pesos.
- Bosques de las Lomas. Casa en Paseo de los Ahuehuetes Norte 501.
- Bosques de las Lomas. Caobas 75. Casa.
- Predio de casi 600 metros cuadrados, en Paseo de Ahuehuetes 96, con un valor aproximado de 4.6 millones de pesos.
- Residencia en San Diego, California, en el fraccionamiento Coronado Cays, uno de los más exclusivos, con valor de 1.7 millones de dólares. (*Proceso* 31/agosto/2003.)

Esta es la lista oficial, digámoslo así, de las propiedades inmobiliarias de Elba Esther Gordillo.

Hasta hoy, Gordillo no ha desmentido esta información.

A LA MAESTRA CON CARIÑO

El cobro de facturas políticas de Elba Esther Gordillo se incrementaba sexenio tras sexenio. A Salinas de Gortari –como ya lo narramos– le debe el cargo.

Con Ernesto Zedillo –tras un tímido intento de restarle poder a Gordillo con la rezonificación educativa–, no pasó absolutamente nada. El poderío de la mujer permaneció intocable.

Arropada por el poder priista y a la par ser jefa del sindicato magisterial, también fue senadora, tres veces diputada federal y delegada en Gustavo A. Madero. Expulsada del PRI en julio de 2006. Poco le importó.

Con la llegada del PAN a Los Pinos, su poder se consolidó.

Con la "pareja presidencial" –Vicente Fox y Martha Sahagún–, Elba Esther se convirtió en un reinado paralelo al Estado con gobierno propio, presupuestos independientes y miles de empleados gubernamentales a su servicio, a través de los funcionarios al frente de empresas públicas, designados directamente por Gordillo.

¿Y qué paso en la administración de Felipe Calderón?

Siguió el pago de facturas. Invariable. Puntual.

De acuerdo con una investigación realizada por Sergio Aguayo Quesada y Alberto Serdán Rosales:

> […] en los tres primeros años de gobierno de Calderón [20006-2009] el grupo político encabezado por Elba Esther Gordillo ha manejado recursos públicos por un mínimo de 345 785 millones de pesos, y un máximo de un billón 611 771 millones.
>
> Cada año, miembros de su grupo han tomado decisiones sobre al menos 115 000 millones de pesos, más que los gobiernos del Distrito Federal o del Estado de México.

¿De dónde salieron estas fortunas manejadas al antojo de Elba Esther? De los presupuestos asignados a siete entidades –algunas administradas parcialmente por la influencia de Gordillo, y otras de manera absoluta–, que fueron: educación básica federal; educación en estados; Partido Nueva Alianza (Panal); Instituto de Seguridad y Servicios Sociales de los Trabajadores del Estado (ISSSTE); Lotería Nacional; Sistema Nacional de Seguridad Pública (SNSP), y Transferencias al SNTE por cuotas.

Desde el gobierno de Fox, a Elba Esther se le entregó prácticamente el ISSSTE. "El presidente Fox me acaba de dar el ISSSTE, y pienso poner ahí a Benjamín [González Roaro]", le aseguró Gordillo al líder de la burocracia nacional, Joel Ayala, quien así lo confirmó.

Luego, el ISSSTE se siguió rolando entre cercanos al servicio de "la maestra", como Miguel Ángel Yunes Linares. Su presupuesto en el bienio 2007-2009 ascendió a 346 000 millones de pesos.

La Lotería Nacional –que sólo en dos años manejó alrededor de 5000 millones de pesos–, también ha sido botín financiero y político de Gordillo. Allí fue designado en 2004 otro "gordillista", Tomas Ruiz, expresidente del Panal –partido propiedad de Elba Esther–, para ser sustituido por otro incondicional: Miguel Ángel Jiménez, quien tuvo que renunciar en abril del 2009 cuando se supo que intentó usar el presupuesto de la Lotería para comprar publicidad al *Diario de Yucatán*, en favor del candidato del PAN a la gubernatura de Campeche. Todos, amigos de "La maestra".

El Partido Nueva Alianza obtuvo el registro en 2005 y fue una de las causas que llevaron a la ruptura de la maestra con el PRI. Aunque Elba Esther no tiene una presencia formal, en el Panal hay una fuerte presencia magisterial y en él tienen cargos de dirección su hija, la diputada Mónica Arriola Gordillo, coordinadora Ejecutiva de Vinculación, y su nieto, René Fujiwara Montelongo, presidente de Alianza Joven, brazo juvenil del Panal

[Consignaron en su momento Aguayo y Serdán.]

El presupuesto del Panal del 2007 al 2009 fue de 638 millones de pesos.

* * *

Elba Esther Gordillo es producto de un carnaval de impunidades entre la élite del poder.

Ejemplo:

El 15 de mayo de 2007 –qué mejor regalo del Día del Maestro–, el gobierno de Calderón tuvo un detalle inolvidable con Elba Esther: la eximió de cualquier investigación; limpió su nombre como quien redime a los viejos mafiosos en la parte final de su vida delincuencial; le lavó la cara y le cubrió la espalda:

La PGR reservó, por un periodo de 12 años, los expedientes, averiguaciones previas y procesos penales en los que se acusa de delitos a la lideresa del SNTE, Elba Esther Gordillo.

La dependencia determinó que no aportará ni siquiera el número de expedientes o los delitos que se imputan en cada una de las denuncias penales contra la dirigencia gremial, sin importar si las averiguaciones están en trámite, archivadas, en reserva o ejecutoriadas.

En respuesta a una solicitud oficial, mediante la Ley de Transparencia, la PGR determinó que dicha información es de acceso reservado, con base en la Ley Federal de Transparencia, la Ley Federal Contra la Delincuencia Organizada, y el Código Federal de Procedimientos Penales.

Según la respuesta ofrecida por la dependencia, tres áreas de la PGR respondieron que tenían en sus manos expedientes contra la expriista, pero que la ley les restringe la publicación de los mismos.

Dichas áreas son: las subprocuradurías de Investigación Especializada en Delitos Federales; de Control Regional: Procedimientos Penales y Amparo, y de Investigación Especializada en Delincuencia Organizada. (Abel Barajas. *Reforma*. 16/05/2007)

NADA CONTRA LA MAESTRA

Un ajuste de cuentas político tiene hoy a Elba Esther Gordillo en la cárcel. Tal parece que se le acabó la suerte. Y las complicidades.

Pero lo que los mexicanos debemos preguntarnos, hoy por hoy, es: ¿con Elba Esther Gordillo en prisión, ha mejorado la educación en México? ¿El SNTE se ha saneado? ¿Sin Elba Esther en el sindicato magisterial, las cosas han sido benéficas, en lo educativo, para el país? Los hechos indican que no.

¿O todo fue, simplemente, una mundana venganza política? Parece que sí.

Y en política, lo sabemos, no hay coincidencias.

EL FIDEL VELÁZQUEZ DE LA UNAM

A la Universidad Nacional Autónoma de México la controlan dos personajes: el Rector en turno —como se llame— y el sempiterno secretario general del Sindicato de Trabajadores de la UNAM (STUNAM): Agustín Rodríguez Fuentes.

A Rodríguez Fuentes no le acomoda la democracia: lleva veinte años al frente del STUNAM —eliminó a su llegada la cláusula de no reelección— y, como él dice: "Seguiré hasta que Dios quiera."

En el STUNAM hay una innegable dictadura sindical. Y presunta corrupción.

Algunas versiones presumen que los "préstamos rojos" que otorga el ISSSTE a través del STUNAM para los trabajadores universitarios, estarían a la venta: entre 3000 y 5000 mil pesos.

Además, algunas plazas también tendrían precio: hasta en 40 000 pesos.

"Los trabajadores llegan con nosotros y denuncian que la gente de Agustín les vende préstamos del ISSSTE, o plazas. ¿Qué hacemos? Reclamarle al líder. Encararlo. Pero todo lo niega", me confía uno de los opositores sindicales más respetados y veteranos dentro del gremio universitario y que, por seguridad personal, prefiere conservar reservada su identidad.

Rodríguez Fuentes lleva dos décadas a la cabeza del sindicato de la UNAM, que agrupa a casi 30 000 trabajadores. Se encargó de desaparecer, en 1994, el Estatuto 24 del STUNAM, que prohibía a cualquier dirigente permanecer en el liderazgo sindical por más de seis años. Se tenía derecho a un periodo de tres con opción a reelegirse por tres años más. Y punto. Pero a Agustín lo trastornó el poder sindical, eliminó esa cláusula democrática, y desde aquel año sigue al frente del sindicato universitario bajo ningún mecanismo de transparencia.

Basta un escenario: aunque el Artículo 104 del Capítulo XIV (Del Patrimonio del Sindicato), obliga textual a que: "Al final de la gestión del Comité Ejecutivo tendrá que presentar al Congreso General una auditoría, la cual será publicada de la manera más amplia y profusa posible", esta exigencia de transparencia financiera no se cumple porque así lo decidió Rodríguez Fuentes.

En el STUNAM no hay auditorías desde hace más de veinte años.

—¿Qué pasó con la auditoría, Agustín? —, le han reclamado.

—Son muy caras…—, responde el dirigente sindical.

¿Acaso no tendrá dinero el STUNAM para cubrir esas auditorías, y mucho más?

Se antoja difícil.

El STUNAM es un sindicato millonario.

Aquí las pruebas:

De acuerdo con el último informe del secretario de Finanzas del STUNAM, Carlos Hugo Morales Morales —uno de los colaboradores de mayor confianza de Rodríguez Fuentes—, el total activo del sindicato al 30 de abril de 2014, asciende a $171,436,750.00 (ciento setenta y un millones cuatrocientos treinta y seis mil setecientos cincuenta pesos m.n.). Este patrimonio incluye bienes inmuebles, edificios, inversiones en valores, obras de arte, equipos, activos y pasivos. (Para elaborar este capítulo, el autor conoció dicho informe que consta de 41 páginas).

SINDICATO DE TRABAJADORES DE LA UNIVERSIDAD NACIONAL AUTÓNOMA DE MEXICO
SECRETARIA DE FINANZAS
ESTADO DE SITUACIÓN FINANCIERA

AL 30 DE ABRIL DE 2014

A C T I V O

ACTIVO CIRCULANTE

BANCOS	10,341,307.37	
INVERSIONES EN VALORES	4,883,193.00	
AJUSTE DE CUENTAS SINDICALES UNAM 2%	1,598,596.08	
DEUDORES DIVERSOS	445,000.00	
GASTOS A COMPROBAR	0.00	
DERECHOS FIDEICOMISARIOS	256,467.13	
TOTAL ACTIVO CIRCULANTE		17,524,563.58

ACTIVO FIJO

INMUEBLES	11,221,993.31	
EDIFICIOS, NETO	120,273,891.36	
MOBILIARIO Y EQUIPO DE OFICINA, NETO	6,031,310.53	
EQUIPO DE COMPUTO, NETO	10,309,467.92	
EQUIPO DE TELEFONIA, NETO	882,135.83	
EQUIPO DE TRANSPORTE, NETO	357,021.42	
EQUIPO DE AUDIO Y VIDEO, NETO	776,347.64	
EQUIPO DE IMPRESION, NETO	3,926,557.19	
EQUIPO CLINICA DENTAL, NETO	8,661.67	
OBRAS DE ARTE	124,800.00	
TOTAL ACTIVO FIJO		153,912,186.87
TOTAL ACTIVO		171,436,750.45

Aún más:

Nadie sabe por qué Rodríguez Fuentes se queja de no tener dinero para realizar auditorías al sindicato, cuando como secretario general del STUNAM tiene mayores percepciones que el propio presidente de la República.

Mientras Enrique Peña Nieto gana un sueldo bruto de 240 000 pesos mensuales, equivalente a $2, 880,000.00 (dos millones ochocientos ochenta mil pesos m.n.) al año, Rodríguez Fuentes percibe –según lo indicado en el "Estado de Resultados Integral", apartado de "Egresos", del último Informe Financiero–, $4, 479,731.16 (cuatro millones cuatrocientos setenta y nueve mil setecientos treinta y un pesos con dieciséis centavos m.n.) anuales.

Esta cantidad, equivalente a $373,000.00 (trescientos setenta y tres mil pesos M.N) mensuales, Rodríguez Fuentes no la comprueba en gastos detallados. Sólo la reporta vía el secretario de Finanzas, y nada más. Sin detallar en qué gastó esta jugosa cantidad, y sin opción de aplicarle el rigor de la transparencia.

Se informa, pero no se comprueba.

Son cosas diferentes.

SINDICATO DE TRABAJADORES DE LA UNIVERSIDAD NACIONAL AUTONOMA DE MEXICO
SECRETARIA DE FINANZAS
ESTADO DE RESULTADOS INTEGRAL

DEL 1 DE MAYO AL 30 DE ABRIL DE 2014

EGRESOS

SECRETARÍA GENERAL	4,479,731.16	4.34
SECRETARÍA DE ORGANIZACIÓN ADMINISTRATIVA	4,013,890.40	3.89
SECRETARÍA DE ORGANIZACIÓN ACADÉMICA	1,404,291.60	1.36
SECRETARÍA DE TRABAJO ADMINISTRATIVO	1,792,056.94	1.74
SECRETARÍA DE CONFLICTOS ADMINISTRATIVOS	1,640,460.90	1.59
SECRETARÍA DE TRABAJOS Y CONFLICTOS ACADÉMICOS	1,046,929.60	1.01
SECRETARÍA DE RELACIONES	2,118,786.20	2.05
SECRETARÍA DE PRENSA Y PROPAGANDA	13,561,439.65	13.13
SECRETARÍA DE FINANZAS	1,061,939.60	1.03
SECRETARÍA DE CULTURA Y EDUCACIÓN	8,104,777.19	7.85
SECRETARÍA DE CARRERA ACADÉMICA	1,068,595.88	1.03
SECRETARÍA DE DEPORTES	7,702,241.63	7.46
SECRETARÍA DE ASUNTOS UNIVERSITARIOS	1,484,677.25	1.44
SECRETARÍA DE DIVULGACIÓN Y DESARROLLO ACADÉMICO	1,014,588.60	0.98
SECRETARÍA DE PREVISIÓN SOCIAL	1,728,920.00	1.67
SECRETARÍA DE FOMENTO A LA VIVIENDA	1,260,442.45	1.22

Tan sólo en cuotas sindicales (Ingresos Ordinarios), el STU-NAM percibió en el último año de ejercicio –del 1 de mayo del 2013 hasta abril de 20014–, $25, 546, 417.15 (veinticinco millones quinientos cuarenta y seis mil cuatrocientos diecisiete pesos con quince centavos m.n.).

Sin embargo, hay un apartado en el "Estado de Resultados Integral" que llama poderosamente la atención. Es el referente a Ingresos Extraordinarios del sindicato, por $63, 451, 011.73 (sesenta y tres millones cuatrocientos cincuenta y un mil once pesos con setenta y tres centavos m.n.), en el último año de ejercicio.

¿Quién le dio al STUNAM esos ingresos extraordinarios por poco más de 60 millones de pesos?

"Son apoyos de la UNAM. El sindicato no tiene, aparte de sus cuotas, otra fuente de ingreso de esa dimensión", revela al autor un exsecretario de Finanzas del STUNAM, vocero más que autorizado para explicar los dineros del sindicato universitario.

SINDICATO DE TRABAJADORES DE LA UNIVERSIDAD NACIONAL AUTONOMA DE MEXICO
SECRETARIA DE FINANZAS
ESTADO DE RESULTADOS INTEGRAL

DEL 1 DE MAYO AL 30 DE ABRIL DE 2014

I N G R E S O S	IMPORTE	%
INGRESOS ORDINARIOS	25,546,417.15	24.74
INGRESOS EXTRAORDINARIOS	63,451,011.73	61.44
SUBSIDIOS MENSUALES	546,540.00	0.53
SUBSIDIOS ANUALES	1,498,980.00	1.45
OTROS	12,223,006.22	11.84
TOTAL INGRESOS	103,265,955.10	100.00

¿Qué tal con la fortuna que maneja Agustín Rodríguez Fuentes?

Con razón no quiere dejar el cargo.

"Hasta que Dios quiera..."

Por su antidemocracia sindical; por los años que ya tiene al frente del STUNAM; por cómo tolera la presunta corrupción según sus opositores en el entorno del sindicato, y por su demagogia, Agustín Rodríguez Fuentes es conocido dentro del sindicato y de la comunidad, como "el Fidel Velázquez" de la UNAM, mote más que merecido, ganado a pulso y, en realidad, nada honroso para cualquiera.

Para cualquiera... menos para Rodríguez Fuentes.

* * *

Nota: más adelante se incluye íntegro el cuadro de los Egresos del STUNAM, que contiene lo que reciben —sólo informando, mas no comprobando—, el secretario general, las secretarías, las comisiones, y lo que se aporta a la Federación Nacional de Sindicatos Universitarios (FNSU), a dependencias foráneas y a la Unión Nacional de Trabajadores (UNT).

LA MANO DE CARLOS SALINAS

Durante los años setenta y parte de los ochenta, el sindicato de la UNAM tenía tres características: de izquierda, democrático y combativo. Lo representaban personajes respetados como Evaristo Pérez Arreola, Nicolás Olivos Cuéllar y Adrián Pedrozo, cuya lucha se enraizaba en la Corriente Roja del Partido Comunista Mexicano, transformado en PSUM en 1979. Rodríguez Fuentes se integraría proveniente del Instituto Politécnico Nacional donde, a decir de algunas fuentes consultadas para este trabajo periodístico, se encargaba de financiar a porros.

En 1987, en la casa de Pérez Arreola, hubo un encuentro peculiar: Evaristo, Olivos Cuéllar y Pedrozo, se reunían con Cuauhtémoc Cárdenas y Porfirio Muñoz Ledo, quienes les pedían su apoyo en torno a la candidatura de Cárdenas a la presidencia de la República. "Yo te destapo, Cuauhtémoc", se comprometió Pérez Arreola.

Y lo cumplió: el 12 de diciembre de ese año, el líder del combativo STUNAM proclamaba a Cuauhtémoc Cárdenas Solórzano candidato presidencial.

Con los meses llegó el fraude electoral de 1988, cuando a Cárdenas le arrebataron el triunfo en las urnas para entronizar a Carlos Salinas de Gortari en Los Pinos. Testimonios, pruebas y escenarios han demostrado ese fraude histórico.

Hombre de rencores, la venganza como forma de vida y sobrevivencia, Salinas de Gortari le ajustó cuentas a Pérez Arreola, quien un día fue llamado a Gobernación donde le dieron el siguiente mensaje: "O te sales del STUNAM y aceptas una asesoría para el presidente Salinas, o te vas a la cárcel." Pérez Arreola tuvo que abandonar el sindicato universitario. Lo sustituyó su compañero de lucha, Nicolás Olivos Cuéllar, amedrentado desde el gobierno entrante.

"Salinas descabezó a la izquierda en el sindicato universitario", recuerda Adrián Pedrozo, quien vivió de cerca los acontecimientos del salinismo infiltrado en el STUNAM.

En 1994 terminaba el gobierno catastrófico de Salinas de Gortari, dejando como herencia la crisis económica más dolorosa de la historia y, con él, cerraba también su ciclo como líder sindical Nicolás Olivos Cuéllar. Era momento de elegir a su sucesor.

Candidato natural, Pedrozo se presentaba como la opción más viable dentro del STUNAM, encabezando a la corriente de izquierda "Alianza Democrática" que hasta hoy sobrevive dentro del sindicalismo de la Universidad. Había sido secretario de Deportes, del Trabajo y de Finanzas del STUNAM. La gente lo conocía y lo respetaba. En la otra esquina estaba Agustín Rodríguez Fuentes.

De acuerdo con la votación oficial, Rodríguez Fuentes ganó la secretaría general por sólo 461 votos de diferencia: 10 260 para él, contra 9799 de Pedrozo. A pesar del triunfo –cuestionado hasta hoy por Pedrozo–, era claro que el STUNAM no era exclusivo de una sola corriente, y que la fuerza interna de Pedrozo era indiscutible. Prácticamente era mitad y mitad en cuanto a preferencias y simpatías.

Pero la equidad de fuerzas sindicales, respetar lo que los votos de sus opositores le indicaban, hacer valer el ejercicio democrático y reconocer a Adrián Pedrozo como un dirigente casi a la par del secretario general, no estaba en el diccionario ni dentro de los planes de Rodríguez Fuentes. La palabra democracia no fue diseñada para él.

Por eso, lo primero que hizo fue inspirarse en Fidel Velázquez y eliminar el molesto Estatuto 24 que sólo le permitía permanecer en la secretaría general durante seis años como máximo. Borró esa cláusula democrática.

La oposición dentro del STUNAM creció. Pedrozo encabezó varios movimientos en protesta por el intento de Rodríguez Fuentes para eternizarse en el cargo, a la manera de don Fidel.

Así, desde 1994, Agustín Rodríguez Fuentes no ha soltado el poder sindical dentro del STUNAM.

"Si Dios quiere seguiré", ha dicho Rodríguez Fuentes.

Y Dios –y los rectores de la UNAM en turno–, hasta hoy, así lo han querido.

LA SOMBRA DE LA OPOSICIÓN

A pesar de la evidente dictadura sindical impuesta en el STU-
NAM por Agustín Rodríguez Fuentes, la oposición dentro del
sindicato ha sido permanente, viva y actuante. Ni se han quedado callados ni dado por vencidos.

"Es luchar contra la dictadura de Agustín y contra la
Rectoría que lo apoya", dicen las cabezas opositoras.

Un documento titulado "Declaración Política de la Oposición Unida", firmado por líderes opositores como Adrián
Pedrozo, Mary Carmen Larralde, Benito Cristóbal, Daniel
Ortiz, Eduardo Amador, Guillermo Reyes, Mario Ariel Juárez, Eduardo Jiménez, Javier Rodríguez, Graciela Clemente,
Iván Mendoza, Jonathan Hernández, Juan Reséndiz, Pedro
Soria, Ana María Nolasco y Carolina Ledezma, divulgado
entre la comunidad universitaria, invita a la reflexión y a seguir combatiendo no sólo el oficialismo sindical universitario
instaurado por Rodríguez Fuentes, sino también la política
laboral instrumentada desde Rectoría de la UNAM.

Aquí, algunas líneas fundamentales para comprender
parte de la circunstancia oficialista que enfrenta el sindicalismo
dentro de la universidad pública más importante del país:

La política laboral implementada en la UNAM desde
1994 (llegada de Rodríguez Fuentes), ha sido la aplicación de políticas de flexibilización, algunas con la
aceptación de la dirigencia sindical y otras de hecho.
Tenemos así que desde 1994 el programa de comple-
mento al salario por calidad y eficiencia que sustituye
los aumentos directos al salario por bonos de calidad;
un esquema de tabulador horizontal que ha pretendido,
sin lograrlo del todo, contrarrestar esa política, y un

proceso de reestructuración en algunas dependencias. Pero también tenemos la creciente desregulación de las relaciones laborales a partir de la suscripción de acuerdos, convenios y cartas de intención sobre diferentes materias, resaltando la relativa a la materia de trabajo y el recién firmado acuerdo único que no tiene aplicación concreta ni obliga a la UNAM a respetar la materia de trabajo, la pretendida regulación del trabajo extraordinario o el trabajo con base en la Cláusula 15.

A ello le sumamos las continuas violaciones al Contrato Colectivo de Trabajo, el abandono al Sistema de Tiendas, las revisiones parciales y clientelares al tabulador, la no actualización del Programa de Capacitación que nos permita recuperar materia de trabajo; la inexistencia de un programa único y universal de equivalencias; nula atención a la introducción de tecnologías de la información y la comunicación que impacta en la pérdida de materia de trabajo en áreas como Bibliotecas, servicios escolares, Laboratorios y otras.

Sin duda alguna, en la pasada revisión salarial vivimos una de las peores negociaciones en la historia del sindicato, por el nivel de simulación, por las pocas respuestas positivas al pliego de peticiones, y por el pírrico 3.5 por ciento de aumento directo al salario.

Por otro lado, también es necesario recuperar las tareas para construir el sindicato de Institución. Recordemos que el STUNAM es producto de la unificación entre los sectores académicos y administrativos de la UNAM de los finales de los setentas, por lo mismo, seguir luchando por ganar la titularidad de la contratación colectiva del sector académico, sigue siendo prioritario.

[...] las corrientes sindicales democráticas de oposición que suscribimos la presente declaración, consideramos que es conveniente profundizar el análisis y construcción de una línea política general, programática, organizativa e ideológicamente plural y unitaria para ganar la dirección sindical y recuperar al STUNAM, haciéndolo del mismo un instrumento de defensa de nuestros derechos laborales con capacidad para enfrentar las políticas de la patronal universitaria y del gobierno, pero que también reconstruya su presencia y acción en el movimiento sindical y social amplio para defender, junto con otros sectores, la soberanía nacional.

Llamamos a realizar reuniones de análisis por dependencia. A organizar núcleos zonales. A participar en las Asambleas Plenarias que convoque la Oposición Unida. Y a promover la confluencia de todas las corrientes democráticas para la integración de una Planilla que contienda en la elección de Comité Ejecutivo de 2014 y así cambiar la estrategia de acción de nuestro sindicato.

[Hasta aquí la declaración opositora al STUNAM de Rodríguez Fuentes.]

En abril de 2014, la oposición fue, nuevamente, derrotada por esta versión sindical-universitaria de Fidel Velázquez, encarnada en nuestros días por Agustín Rodríguez Fuentes.

AROMA A CORRUPCIÓN

–¡El principal corruptor del sindicato eres tú…!–, le espetó el líder opositor a Rodríguez Fuentes.

–Estás mal, no es cierto–, se defendió el secretario general del STUNAM.

Lo cierto, es que los presuntos actos de corrupción –venta de préstamos o de plazas–son un secreto a voces entre los trabajadores del STUNAM.

El sindicato tiene a su disposición todas las plazas de último nivel y, por estatutos, las puede incorporar a su bolsa de trabajo.

Y por supuesto que con la presunta venta de préstamos o plazas, no se firman documentos o recibos que comprueben la tranza. No se deja huella, obviamente. Sin embargo, siempre habrá alguien dispuesto a levantar la voz:

Según Adrián Pedrozo, en entrevista con la reportera Karina Avilés del periódico *La Jornada*, los llamados "préstamos rojos" del Instituto de Seguridad y Servicios Sociales de los Trabajadores del Estado (ISSSTE), se "venden entre 3000 y 5000 pesos", y las plazas en "40 000 pesos"; que durante diez años se hizo "negocio" con los seguros de vida de los trabajadores, pues de un total de 10 464 314 pesos que manejaron los que firmaban y administraban la operación, se llevaban más de un millón de comisión.

Prosigue el texto de Avilés:

¿Y quiénes firmaban? "El secretario de Previsión Social en turno con el secretario general", se responde.

Hasta aquí parte de la entrevista de Avilés con Pedrozo.

Hoy por hoy, el STUNAM tiene tres edificios propios: el de avenida Universidad 779, el de la calle de Centeno 145, colonia Esmeralda, en Iztapalapa, y la primaria conocida como "La Escuelita", en avenida Toltecas y Mayas, colonia Ajusco Coyoacán. El valor asignado dentro del "Estado de Situación Financiera" del informe del secretario de Finanzas, en el rubro de "Edificios, Neto", asciende a $120, 273, 891.36 (ciento veinte millones doscientos setenta y tres mil ochocientos noventa y un pesos con treinta y seis centavos).

¿Y en lo político, cómo ha logrado Rodríguez Fuentes, en gran medida, fortalecer su dictadura sindical? Apoyándose en la impunidad que ofrece la investidura legislativa.

En el año 2003, con el apoyo de la entonces presidenta del PRD, Rosario Robles, tomó protesta como diputado federal en la LIX legislatura.

Rodríguez Fuentes ha combinado cargo sindical y curul, con buenos resultados para él y sus cercanos, mas no para el grueso de los trabajadores afiliados al STUNAM.

Mucho dinero se maneja en el STUNAM. Millones sobre millones de pesos.

Informes, sí.

Transparencia, no.

El Fidel Velázquez del STUNAM, un ejemplo de antidemocracia sindical.

Un demonio del sindicalismo mexicano.

Aquí revelamos cómo se reparte el pastel presupuestario del STUNAM.

(Fuente: Informe de la Secretaría de Finanzas al 33 Congreso General Ordinario.)

SINDICATO DE TRABAJADORES DE LA UNIVERSIDAD NACIONAL AUTONOMA DE MEXICO
SECRETARIA DE FINANZAS
ESTADO DE RESULTADOS INTEGRAL

DEL 1 DE MAYO AL 30 DE ABRIL DE 2014

E G R E S O S

SECRETARÍA GENERAL		
SECRETARÍA DE ORGANIZACIÓN ADMINISTRATIVA	4,479,731.16	4.34
SECRETARÍA DE ORGANIZACIÓN ACADÉMICA	4,013,890.40	3.89
SÉCRETARÍA DE TRABAJO ADMINISTRATIVO	1,404,291.60	1.36
SECRETARÍA DE CONFLICTOS ADMINISTRATIVOS	1,792,056.94	1.74
SECRETARÍA DE TRABAJOS Y CONFLICTOS ACADÉMICOS	1,640,460.90	1.59
SECRETARÍA DE RELACIONES	1,046,929.60	1.01
SECRETARÍA DE PRENSA Y PROPAGANDA	2,118,786.20	2.05
SECRETARÍA DE FINANZAS	13,561,439.65	13.13
SECRETARÍA DE CULTURA Y EDUCACIÓN	1,061,939.60	1.03
SECRETARÍA DE CARRERA ACADÉMICA	8,104,777.19	7.85
SECRETARÍA DE DEPORTES	1,068,595.88	1.03
SECRETARÍA DE ASUNTOS UNIVERSITARIOS	7,702,241.63	7.46
SECRETARÍA DE DIVULGACIÓN Y DESARROLLO ACADÉMICO	1,484,677.25	1.44
SECRETARÍA DE PREVISIÓN SOCIAL	1,014,588.60	0.98
SECRETARÍA DE FOMENTO A LA VIVIENDA	1,728,920.00	1.67
SECRETARÍA DE ACCIÓN PARA LA MUJER	1,260,442.45	1.22
SECRETARÍA DE ANÁLISIS, ESTUDIOS Y ESTADÍSTICA	3,840,441.60	3.72
SECRETARÍA DE ACTAS, ACUERDOS Y ARCHIVO	1,143,545.60	1.11
COMISION MIXTA TRIPARTITA DEL SISTEMA DE TIENDAS	1,289,107.30	1.25
COMISION MIXTA DE CONCILIACION	827,778.36	0.80
COMISION MIXTA DE CAPACITACION Y ADIESTRAMIENTO	865,930.36	0.84
COMISION MIXTA DE SEGURIDAD E HIGIENE EN EL TRABAJO	998,126.33	0.97
COMISION MIXTA DE ADMISION	935,996.33	0.91
COMISION MIXTA DE TABULADORES	904,800.33	0.88
COMISION MIXTÀ DE REGULARIZACIÓN	934,621.33	0.91
COMISION MIXTA DE ESCALAFÓN	844,526.33	0.82
COMISION MIXTA DE EVALUACIÓN DE CALIDAD Y EFICIENCIA	858,141.33	0.83
COMISION MIXTA DE SUPERVISIÓN DE CENTROS DE DESARROLLO INFANTIL	891,790.33	0.86
COMISION MIXTA DE CONSERVACION Y MANTENIMIENTO	849,638.33	0.82
COMISIÓN AUTÓNOMA DE VIGILANCIA	812,354.99	0.79
COMISIÓN AUTÓNOMA DE HONOR Y JUSTICIA	893,858.40	0.87
COMISIÓN AUTÓNOMA DE HACIENDA	934,605.85	0.91
COMISIÓN AUTÓNOMA DE BOLSA DE TRABAJO	928,337.40	0.90
COMISION MIXTA DE CAJA DE AHORRO Y PRESTAMO	1,055,043.60	1.02
COMISION MIXTA TRANSITORIA DE SERVICIO SOCIAL	1,311,969.40	1.27
COMISION MIXTA TRANSITORIA DE PERSONAL DE CONFIANZA	834,888.40	0.81
COMISION MIXTA TRANSITORIA DE HONORARIOS	804,525.40	0.78
COMISION DE CONSEJEROS UNIVERSITARIOS	806,985.40	0.78
FNSU	1,150,293.45	1.11
DEPENDENCIAS FORANEAS	1,337,673.35	1.30
UNT	864,127.85	0.84
	1,256,108.48	1.22

TOTAL EGRESOS   81,658,984.88   79.08

RESULTADO DEL EJERCICIO   21,606,970.22   20.92

NAPITO: ROBÓ, HUYÓ...
Y NO LO PESCARON

Nombre: Napoleón Gómez Urrutia.

Mote: Napito.

Nacionalidad: mexicano-canadiense.

Mérito: ser hijo de Napoleón Gómez Sada, cacique sindical del Sindicato Nacional de Trabajadores Mineros, Metalúrgicos y Similares de la República Mexicana (SNTMMSRM), durante... ¡40 años!

Acusación: haberse apoderado de 33 millones de dólares pertenecientes a los trabajadores mineros.

Estatus: líder sindical millonario.

El 29 de agosto de 2014 quedará marcado como un día negro para la justicia mexicana: el Cuarto Tribunal Colegiado en Materia Penal del Primer Circuito resolvió conceder un amparo y protección de la justicia federal contra la orden de aprehensión que pesa en contra de Gómez Urrutia porque "las pruebas aportadas por el Agente del Ministerio Público de la Federación son insuficientes para demostrar el cuerpo del delito por el que se ejercitó acción penal".

La Procuraduría General de la República (PGR) no presentó suficientes evidencias sobre el supuesto desfalco contra el gremio minero cometido por Napito, según la resolución del Tribunal Colegiado.

En pocas palabras: el Napoleón mexicano parece que no tendrá su Waterloo. Seguirá libre... y sin devolver los 33 millones de dólares que se birló.

Es decir: si vuelve a México —cuando este texto se entregó a la editorial aún no lo hacía—, no podrá ser detenido porque —como los gángsters de la mafia—, lleva un amparo en el bolsillo.

Por eso, Napito desafía:

"Regreso a la ciudad de México porque allí están las oficinas del sindicato minero. Volveré", clamó el 2 de septiembre de 2014.

Así que todo indica que pronto —o quizá ya está entre nosotros—, al entrar usted a un restaurante de la ciudad de México, se encuentre de frente a Napito.

Una recomendación: cuide su cartera.

UNA HISTORIA MÁS DE FAMILIA

Gómez Urrutia es heredero de Gómez Sada, quien por décadas fue soporte financiero y político —al igual que Romero Deschamps—, del PRI. Hombres del y para el sistema. Al morir el cacique, decidió dejar a Napito el sindicato minero. Entonces comenzaron los problemas.

¿Cómo entender, en la actualidad, el *affaire* Gómez Urrutia?

Nota: para contar parte de la historia de Napito, su caída del SNTMMSRM, las acusaciones en su contra, la ruta del dinero y sus negocios en Vancouver, recurrimos, en algún momento, a materiales revelados en mi anterior libro *Abuso del poder en México*, publicado por editorial Aguilar.

Aquí, una página negra más del sindicalismo mexicano.

* * *

El 19 de febrero de 2006 fue un día triste para México: 65 mineros en Pasta de Conchos, Coahuila, murieron tras una explosión. Ardieron a 500 metros bajo tierra, las entrañas del subsuelo convertidas en infierno. Kilómetro y medio los separó de la vida. Dicen que fue concentración de gas metano. En realidad se debió a una alta dosis de negligencia e irresponsabilidad.

Nadie se hizo responsable directo de la tragedia. El secretario del Trabajo federal foxista, Francisco Javier Salazar, rechazó que sus delegados fueran responsables; el gobernador priista, Humberto Moreira, los culpaba; el sindicato minero –liderado por Gómez Urrutia–, se lavaba las manos mientras viudas y familiares lloraban. Las investigaciones, acotadas por los intereses y la falta de compromiso de los involucrados, enlutaban, una vez más, a familias mexicanas.

Las pesquisas iniciales arrojaron una línea de investigación: José Ángel Hernández Puente, delegado sindical designado por la dirigencia encabezada por Napito, falló en su misión. Su incompetencia, facturada con la vida de 65 mineros, se mezclaba con aires de cambio internos en la dirigencia sindical de los eternos "napos".

El entorno para Gómez Urrutia comenzaba a complicarse. Su tradicional soporte político: el PRI, herramienta poderosa que por décadas sirvió de cobijo para que su padre manejara a su antojo vidas, voluntades y recursos del sindicato minero, había caído electoralmente con el nuevo milenio. Ya no había línea directa con Los Pinos para pedir protección.

Por dentro, el sindicato se fracturaba. La muerte de los trabajadores en Pasta de Conchos fue la señal de arranque para que las disidencias comenzaran a brotar. La tradicional sumisión sindical minera –bajo el eufemismo de unidad–, se resquebrajó. Napito estaba en la lona.

"Accidentes en la industria ocurrieron por la negligencia de autoridades laborales, empresarios deshonestos y líderes sindicales corruptos que no solucionaron situaciones de alto riesgo en muchas minas", advirtió Héctor Jiménez Coronado, actual coordinador de la Alianza Minera Nacional del Sindicato Minero, principal opositor al cacicazgo de la familia Gómez.

La disidencia sindical –Jiménez Coronado, por un lado, y Carlos Pavón, por otro, que encabezaban propuestas alternas a Napito–, ganaba terreno rápidamente ante el evidente vacío de autoridad y apuros legales de su líder, que día con día perdía el control. El junior estaba, paradójicamente, atrapado en la mina.

Y antes de que alguien lo aprehendiera, prefirió huir del país.

Aunque no se fue solo ni desprotegido.

Huyó bien arropado: con 33 millones de dólares en su cuenta personal. Para algo alcanzaría.

Acorralado, desprestigiado, pero millonario, Gómez Urrutia, acompañado de su familia, tomó un vuelo privado la noche del 18 de marzo de 2006. Destino: Vancouver, Canadá.

* * *

El escándalo fue de magnitudes internacionales.

¿Cómo podía un líder sindical hacerse de 33 millones de dólares y llevárselos, literalmente, al extranjero?

La raíz de esa fortuna surgió cuando Napoleón padre, en negociaciones con Grupo México –propietario de la empresa Minera de Cananea y de Pasta de Conchos, cuya cabeza todavía es Germán Larrea–, obtuvo un logro enorme para los 30 000 trabajadores del SNTMMSRM: que el patrón aportara 55 millones de dólares que serían depositados en un fideicomiso para indemnizar a los mineros afectados por el proceso de privatización de la empresa. (Fideicomiso F/9645/2.)

Todo iba bien para la dinastía Gómez, ya con Napito al frente del sindicato. Poder. Dinero. Influencia.

Hasta que Pasta de Conchos les estalló.

Oficialmente, de los 55 millones de dólares del fideicomiso minero, Napito distribuyó 22 millones a los trabajadores de Cananea. Los 33 millones de dólares restantes –alrededor de 350 millones de pesos al tipo de cambio de 2006–, los repartió en cuentas privadas a su nombre, de parientes y de colaboradores.

Los mineros afectados presentaron denuncia. En 2006, la Subprocuraduría de Delitos Federales de la PGR consignó la averiguación previa UEIFF/FINM02/64/2000, contra el líder sindical, delegados fiduciarios y funcionarios de Scotiabank. Tribunales federales giraron orden de aprehensión en contra de Gómez Urrutia.

Con 33 millones de dólares en el bolsillo, Napito contrató despachos de abogados para defenderse desde el extranjero. Se solicitaron amparos en su favor. La siempre cuestionada justicia del Distrito Federal –a través de la Tercera Sala en Materia Penal del Tribunal Superior de Justicia del DF–, dictó una sentencia mediante la que eximía a Gómez Urrutia de haber utilizado inadecuadamente el fondo financiero de trabajadores mineros.

A pesar de este fallo, a nivel federal se mantuvo el proceso en contra de Gómez Urrutia por manejo inadecuado del fideicomiso.

Napito enfrentaba entonces tres conflictos: el escándalo financiero, la disidencia sindical y la antipatía del gobierno federal.

La Secretaría del Trabajo y Previsión Social (STyPS), desconoció el liderazgo de Gómez Urrutia a finales del sexenio foxista y le concedió la "Toma de Nota" a Elías Morales, cercano al gobierno. Sin embargo, al inicio de la administración de Felipe Calderón Hinojosa, se determinó que Morales había llegado a la dirigencia sindical gracias a una falsificación de firma.

El 16 de abril de 2007, la secretaría del Trabajo, encabezada por Javier Lozano Alarcón, restituyó a Gómez Urrutia en la secretaría general del sindicato, y desconoció la "Toma de Nota" de Elías Morales. Napito estaba de fiesta.

Algunas crónicas laborales y periodísticas lo reflejaban así (*Frente de Trabajadores de la Energía*, volumen 7, N° 86, 27 de abril de 2007):

> En el sindicato minero hubo fiesta. "¡Urrutia, amigo, el minero está contigo!", gritaban sus seguidores. Juan Luis Zúñiga, miembro del Consejo General de Vigilancia –dirigente a quien se le falsificó la firma–, planteó la posibilidad de que en 30 días regresara Napoleón Gómez Urrutia a México, procedente de Canadá, apoyado por la Federación Internacional de Trabajadores de la Industria Metalúrgica (FITIM). (Patricia Muñoz, en *La Jornada*. 17/ 05/2007.)

Ese 17 de abril se inició la Convención de Napoleón.

Las crónicas laborales relataban:

La inauguración de la asamblea tuvo tintes de mitin y fiesta. Varios dirigentes tomaron la palabra para felicitar a los mineros por poner el ejemplo en la defensa de su organización.

"Fue el representante de la Federación Internacional de Trabajadores de la Industria Metalúrgica, Jorge Campos, quien declaró inaugurados los trabajos de la convención". Se anticipó que uno de los resolutivos sería la ratificación del comité ejecutivo que encabeza Napoleón Gómez Urrutia. Así ocurrió; todos los delegados "apoyaron" la propuesta.

Los abogados de Napo dijeron que pedirían el "sobreseimiento de las denuncias penales que están en tribunales contra su dirigente Napoleón Gómez Urrutia, debido a que en los próximos días se va a aclarar el uso de los recursos del fideicomiso por 55 millones de dólares".

Al siguiente día, por medio de una videoconferencia, Napoleón clausuró la convención. Aprovechó para demandar un proceso legal contra Fox y "su camarilla" a quienes calificó de "delincuencia organizada" [sic].

[Hasta aquí las crónicas de entonces.]

Al parecer, el *junior* estaría de regreso en México.

Aunque la fiesta le duraría poco.

Con Gómez Urrutia aún en el extranjero, el SNTMM-SRM se fraccionó. De los 30 000 sindicalizados, 14 000 se agruparon en la Alianza Minera Nacional (AMN), coordinada por Jiménez Coronado, mientras que 7000 se fueron con Pavón, quien fue, en su momento, el principal operador político de Napito, y sobre quien pesan acusaciones internas de haberse vendido al Grupo México a cambio de un millón de dólares. Pavón lo ha negado.

El sindicato minero –pilar del corporativismo sindical que por más de 70 años fue uno de los soportes del poder del PRI–, se debilitaba.

El 15 de julio de 2010, la Secretaría del Trabajo negó la "Toma de Nota" a Napoleón Gómez Urrutia como secretario general del sindicato minero, debido a que en la Convención General Ordinaria, celebrada en mayo de ese año y en la cual se reeligió a Gómez Urrutia como secretario general, no se cumplieron algunas disposiciones previstas en los estatutos del Sindicato.

Ejemplos: no se reunió el quórum previsto en los estatutos sindicales, consistente en que los delegados representen a las dos terceras partes del número del total de asociados, además de que Gómez Urrutia no estaba presente físicamente al inicio de la convención, pues lo hizo por medio de una videoconferencia conectada a su casa en Vancouver. El 24 de junio de 2008 ya se había negado también la "Toma de Nota" a Gómez Urrutia por las mismas circunstancias.

Las cosas le iban mal a Napito.

LA RUTA DEL DINERO

En cualquier país del mundo –incluido México–, no es nada fácil desaparecer 33 millones de dólares, triangularlos financieramente y dejarlos a buen resguardo bancario. Por supuesto que no. Pero el astuto Napoleón Gómez Urrutia lo hizo.

Una maniobra financiera de esta dimensión no pudo haberla realizado solo. Requirió de prestanombres y hábiles ingenieros financieros que fraccionaran y llevaran, de un lado a otro, esa fortuna, para beneficio del líder heredero.

Son diversas las pirámides financieras a las que recurrió Napito para colocar, en resguardo y a su conveniencia, 33 millones de dólares, sacarlos del país y repartirlos en cuentas a las que tuvo acceso directo, cuando así lo dispusiera.

Y para entender cómo Gómez Urrutia, familiares y socios del dinero, movieron los 33 millones de dólares, el autor tuvo acceso a una investigación interna que, por razones de seguridad, omite datos sobre quién la realizó, pero que detalla cómo Napito manejó la situación.

Sigamos parte de la ruta del dinero desviado, reportada de manera confidencial y textual para la elaboración de este capítulo [sólo se hicieron correcciones gramaticales para favorecer la comprensión del texto]:

> Se tiene conocimiento que diecisiete instituciones bancarias y de inversión de México, Estados Unidos, Suiza y Turquía, utilizó el exlíder minero Napoleón Gómez Urrutia, Napito, para beneficiarse de gran parte de 55 millones de dólares que estaban en el fideicomiso establecido en Scotiabank Inverlat, para ser distribuidos entre los trabajadores de Minera de Cananea y que presuntamente fueron desviados a cuentas de su esposa (Oralia Casso Valdés) y sus hijos (Alejandro y Ernesto Gómez Casso), y de personas allegadas a él, como el entonces tesorero del sindicato, Héctor Félix Estrella y de otras personas de su confianza como: Gregorio Pérez Romo, Gerardo Califa Matta, Guillermo Sepúlveda y María del Carmen Páez Martínez de la Garza.
>
> Eva Estela Sabanero Sosa ingresó a Bancomer el 11 de agosto de 1983. Ocupó diversos cargos hasta llegar al puesto de director de sucursal. En 1999 fue gerente de la sucursal de Etiopía, en Xola 1302, donde

personal del sindicato minero realizaba operaciones. Después se fue a Jalapa y en julio de 2002 regresó a la misma sucursal y retomó la relación bancaria normal con directivos sindicales que realizaban operaciones de entre cuatro y seis millones de pesos mensuales. En esas fechas ya era líder Gómez Urrutia. A mediados de 2004, Héctor Félix Estrella le informó a Eva Estela Sabanero Sosa, funcionaria de la sucursal Etiopía de Bancomer —ubicada en avenida Xola 1302, colonia Del Valle— que iba a recibir una fuerte cantidad de dinero "de un fideicomiso de los trabajadores"; le pidió asesoría para inversiones a plazo fijo, en dólares o sociedades de inversión.

El dinero no llegaba, y Sabanero se cambió de sucursal. El tesorero sindical la localizó en enero de 2005 y le informó ya tenía los 55 millones de dólares. Le pidió abrir una nueva cuenta en su nueva sucursal, en dólares, diferente a las que ya tenían. Lo hizo el 22 de febrero.

Sabanero Sosa recibió la transferencia de 55 millones de dólares del banco Scotiabank-Inverlat a principios de marzo, a Bancomer. Durante un mes la cuenta permaneció intacta, y en abril el propio Félix Estrella le informó que Gómez Urrutia había decidido "enviar una cantidad importante al extranjero" y que lo asesoraba Alberto Velasco González. Las (órdenes las) recibió por escrito de Gregorio Pérez: transferir quince millones de dólares a un banco de Texas, en Estados Unidos para invertirlo "en papel gubernamental o soberano de Brasil". La operación no se pudo realizar por no contar con las autorizaciones necesarias y porque las instrucciones eran incorrecta.

Velasco González, molesto, le dijo que "estaba perdiendo unos millones" porque no se completó la transferencia al extranjero.Finalmente se hizo, y presumiblemente el asesor de inversiones de Napo hizo otra operación importante.

La Comisión Nacional Bancaria y de Valores, a su vez, embargó las cuentas del sindicato y de Gómez Urrutia, y comunicó a los interesados los estados de cuenta de enero de 2004 a enero de 2006. En el expediente legal se establece que el 24 de enero de 2005, Scotiabank-Inverlat recibió en depósito 55 millones de dólares; el día 27 se retiró un millón de dólares, y el 4 de marzo 54 840 470.90 dólares. Los dos retiros se canalizan a BBVA Bancomer.

Las propias autoridades entregarían al juez detalles de las operaciones de Gómez Urrutia tanto en la ciudad de México como en Nueva York, Houston, McAllen, Laredo, San Francisco, Estambul o Suiza. Entre otras destacan las siguientes:

Dos transferencias por 185 000 dólares cada una a Gerardo Califa Matta al J. P. Morgan de Houston y al International Bank of Commerce de San Antonio; seis transferencias a su hijo Alejandro por 438 000 653.49 pesos depositados en una tarjeta de American Express; dos transferencias a Bernardo Ortiz Garza por 66 000 dólares en el Laredo National Bank; 1 900 000 dólares a María del Carmen Páez Martínez de la Garza Evia, en el Laredo National Bank; 22 500 000 dólares transferidos a Scotiabank-Inverlat.

De la cuenta bancaria de Bancomer por 54 687 343.36 dólares, se realizaron nueve retiros por 44 767 765.23 dólares y se transfirieron al City Bank New York, a Bearn Stearns Securities Corporation de Nueva York, a BBVA Bancomer, Scotiabank-Inverlat, HSBC y Laredo National Bank, entre otras. Otras operaciones ordenadas por Napito y su tesorero fueron:

El 1 de junio de 2005, la Consultoría Internacional Casa de Cambio transfirió a Kevin Wells 3500 dólares en el Wells Fargo Bank, en San Francisco. El 17 del mismo mes envió 28 000 dólares a Selahattin Turcan en su cuenta en el Isbktris Turquiye is Bancase as Estambul. Se transfirieron 33 000 francos suizos a la Federation Internacional Mealworks a un banco en Suiza; Ernesto Gómez Casso recibió 40 000 dólares de la misma consultoría, y su hermano Alejandro 137 236.26 dólares.

El expediente de la Comisión Nacional Bancaria y de Valores informa que también está embargada la cuenta BBVA Bancomer Libretón número 1198952906 a nombre de Gómez Urrutia, y aunque no desglosa las operaciones con la misma, sí señala que está sujeta a investigación. El secretario de Trabajo, Javier Lozano, invitó a los integrantes del sindicato minero a convocar a una asamblea extraordinaria para elegir a su líder y terminar con el divisionismo interno. Gómez Urrutia está en Vancouver, Canadá y los dirigentes seccionales afines planean convocar a una asamblea el 2 de mayo. Pero no todos están de acuerdo, Elías Morales, líder reconocido del sindicato, pretende imponer otra fecha. Mientras, los 55 millones de dólares no aparecen del todo, aunque una parte (22 millones de dólares) se pagó a trabajadores.

Gregorio Pérez Romo, quien pasó de realizar labores de limpieza en el Sindicato Minero, a ser mensajero, luego chofer y persona de confianza de los principales miembros del sindicato, por órdenes de Gómez Urrutia y de Félix Estrella, efectuó varias transacciones financieras y pagos de la tarjeta de crédito de Alejandro Gómez Casso.

Pérez Romo entró a trabajar en el sindicato minero en 1986 en las oficinas de Doctor Vértiz 668, colonia Narvarte, para realizar labores de limpieza. En 1993 se convierte en mensajero y ayudante de oficina; en el 2000, al mismo tiempo que llega la nueva dirigencia del sindicato, encabezado por Napoleón Gómez Urrutia, su posición toma importancia y se convierte en operador financiero de sus jefes, nada más y nada menos que del propio Gómez Urrutia y de Félix Estrella, el tesorero. Se estima que en total operó en su propia cuenta bancaria doce millones de pesos.

Pérez Romo aceptó haber recibido varios cheques certificados a su nombre para realizar por lo menos diecisiete operaciones bancarias por instrucciones de Gómez Urrutia y Félix Estrella provenientes de la cuenta 453375811 a nombre del Sindicato Nacional de Trabajadores Mineros Metalúrgicos y Similares de la República Mexicana, por un total de 6 164 000 pesos, entre marzo y noviembre de 2005. Se le ordenó pagar las tarjetas de crédito American Express de Alejandro y Ernesto Gómez Casso, y depositar fondos a favor de Consultoría Internacional Casa de Cambio; los sobrantes en efectivo los entregaba a Lizbeth Lira, persona allegada al contador del Sindicato o al propio Félix Estrella. Entre las operaciones están las siguientes:

- 8 de febrero de 2005, cheque por 416 140.46 pesos; depósito a favor de Consultoría Internacional Casa de Cambio por 280 140.46 pesos y el resto lo entregó a Félix Estrella.

- 28 de febrero, cheque por 220 088.93 pesos que endosó a favor de Benigno Gómez López (también mensajero), para pagar la tarjeta de crédito American Express de Alejandro Gómez Casso, con 17 929 dólares; el resto lo entregó a Lizbeth Lira.
- 8 de marzo, cheque por 253 050 pesos, de los cuales se depositaron 221 600 pesos a favor de Consultoría Internacional; el resto se lo dio a Lizbeth.
- 9 de marzo, cheque por 631 311.43 pesos para pagar 519 311.43 pesos de la tarjeta de crédito de Alejandro Gómez; el resto se lo entregó a Lizbeth.
- 30 de marzo, cheque por 232 214.72 pesos para depositar 167 214.72 pesos a favor de Consultoría Internacional y de Alejandro Gómez; el resto lo entregó a Lizbeth.
- 14 de abril, cheque por 304 990 pesos para depositar 234 990 pesos a la cuenta de Consultoría Internacional y el resto a Lizbeth.
- 12 de mayo, cheque por un 1 433 658 pesos para depositar 1 310 980 pesos a Consultoría Internacional; el resto lo entregó a Lizbeth.
- 22 de junio, cheque por 400 395.23 pesos para depositar 314 367.57 pesos a favor de Consultoría Internacional y el resto lo entregó a Lizbeth.
Otro personaje no identificado, Héctor Pérez Estrella, recibió 5 655 379.70 pesos de la misma cuenta el 29 de junio, pero se desconoce en qué fueron utilizados. Los sindicalistas afectados denunciaron a Gregorio Pérez Romo por el delito de fraude específico en grado de coparticipación.

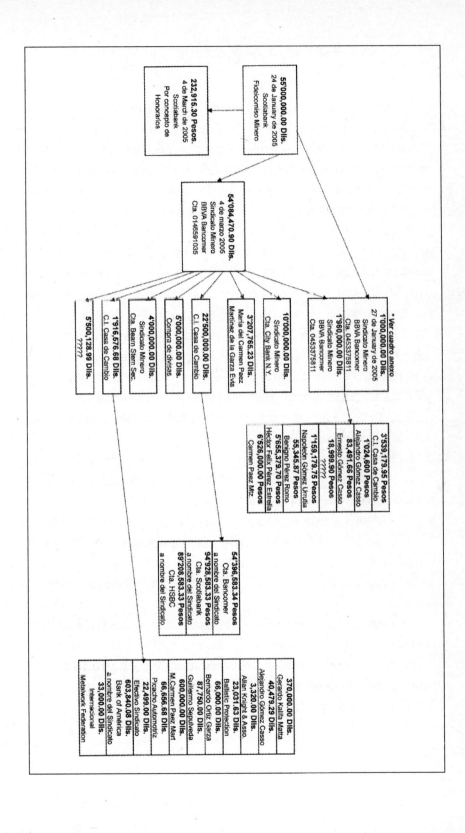

EL JUNIOR CANADIENSE

Desde el 19 de marzo de 2006, Napoleón Gómez Urrutia y su familia viven en una de las ciudades más bellas y caras del mundo: Vancouver. En el 1288 de la avenida West Georgia, en un apartamento de gran lujo, conocido como The Georgia Residences. En los alrededores de ese lujoso barrio vivieron artistas como Frank Sinatra, Samy Davis Jr., Elvis Presley, los integrantes de The Rolling Stones (quienes rentaban una suite cada vez que viajaban) y hasta la voluptuosa Pamela Anderson.

De acuerdo con declaraciones del presidente de la cooperativa Veta de Plata, Juan Carlos Pérez Mendiola —agrupación disidente que abandonó el Sindicato Minero—, Napoleón Gómez Urrutia adquirió la cadena de restaurantes y cafeterías de comida árabe Nuba Group en Canadá, con recursos del Fideicomiso Minero desviados a sus cuentas bancarias y de su familia.

Señaló que el hijo del exdirigente minero, Ernesto Gómez Casso, tiene un posgrado de chef en la Cornell University, de manera que éste es quien dirige ese nuevo negocio.

Pérez Mendiola precisó que dichos negocios están domiciliados en West Hasting Street 207, y en Seymour Street 1206 en Vancouver, en donde vive Gómez Urrutia con su familia.

La empresa de Gómez Urrutia está registrada en el acta del Ministerio de Finanzas de British Columbia, bajo el número de registro V6E3V7, y las oficinas de Nuba Restaurante Group Inc. se ubican en la Suite 800 en West Georgia Street 1090, en la misma ciudad de Vancouver.

Además del amparo obtenido el 29 de agosto de 2014, Napoleón Gómez Urrutia también adquirió la nacionalidad canadiense.

¿Cómo logró obtener Napito una nueva nacionalidad?

Gracias a que es inversionista en Canadá, como copropietario de la cadena de restaurantes del Nouba Group que opera en esa nación, según la Alianza Minera Nacional. Ese fue factor fundamental para que la consiguiera.

"A pesar del amparo, todavía se puede emprender un juicio civil en contra de Gómez Urrutia para que sea procesado por desvío de recursos", confía Jiménez Coronado. Se ve difícil.

Hoy, seguramente, ya ni siquiera existen parte de los 33 millones de dólares sustraídos por el líder minero.

Napito, una vergüenza para Canadá.

Napito, una vergüenza para México.

Napito, un demonio del sindicalismo.

EL PANISTA

El abuso patrimonial más canalla es, sin duda, el que se ejecuta en contra del sector salud. Cada peso desviado, corrompido o subutilizado para beneficio de un funcionario o de algún dirigente sindical, es un peso en detrimento de la salud de un país. Mal utilizarlo es sinónimo de sinvergüenza.

Y el caso de Valdemar Gutiérrez Fragoso, secretario general del Sindicato Nacional de Trabajadores del Seguro Social (SNTSS), es muestra de cómo los recursos sindicales en el sector salud se han pervertido.

Pero en la Tierra hay castigos divinos. Dice la Biblia (Isaías 3:11): "¡Ay del impío! Le irá mal, porque lo que él merece se le hará."

Después de una vida de desenfreno en las lides sindicales, de abusos, de nepotismo y de mal usar sus facultades legales, Valdemar cayó postrado ante sus propios excesos, y en mayo de 2012 sufrió un infarto cerebral que, hasta la fecha de entrega a la editorial de este trabajo, lo mantiene en estado vegetativo.

Sin embargo, su estado de salud —lamentable para cualquier ser humano, por supuesto— no borrará nunca sus excesos con el sindicato del Seguro Social.

Aquí, parte de su historia.

DE LA MANO CON EL PAN

–¡Yo no negocio con ningún hijo de la chingada! A mí me apoya Felipe Calderón…!–, solía responder Valdemar a quienes le recomendaban que se sentara a dialogar con la cada vez más creciente y fortalecida disidencia dentro del SNTSS, harta de los abusos de Gutiérrez Fragoso y su camarilla.

¿Cómo emerge Valdemar hasta alcanzar el liderazgo de uno de los sindicatos más numerosos, importantes y estratégicos del país: el del Seguro Social, con alrededor de 410 000 agremiados y 280 000 jubilados?

Regresemos las manecillas del tiempo.

Si con el PAN consolidó su poder, fue el PRI el que sirvió de plataforma para que Valdemar comenzara a escalar posiciones dentro de la pirámide burocrática-sindical.

Los orígenes de Valdemar Gutiérrez se remontan hasta la delegación Gustavo A. Madero, al norte del Distrito Federal. Allí, participaba en los llamados Comités Distritales, ligándose a quien fuera secretario general del sindicato del IMSS: Antonio Pulso Gaona. Gracias a esa relación, Valdemar logró la plaza –que nunca ejerció– y la respectiva comisión sindical.

Valdemar pronto formó parte del grupo de poder sindical que se repartía la Secretaría General: Fernando Rocha Larráinzar, como cabeza principal; Roberto Vega Galina y Antonio Rosado –"El último priista", le llaman los sindicalistas. 2006 fue un año clave: Felipe Calderón Hinojosa era el segundo panista en ganar la presidencia y, con esos aires, también se daba la renovación en la dirigencia del SNTSS.

Llegaba Calderón. Y llegaba Valdemar.

Pero enfrente tenía a una disidencia sólida que presentaba a su propio candidato: el prestigiado doctor Miguel Ángel Van-Dick, líder de la Sección II, la más grande a nivel nacional: la de Jalisco, por lo que rápido comenzaron los enfrentamientos entre el candidato oficial, el del grupo del poder, y sus opositores.

Abierto, franco, Van Dick le reprochaba públicamente a Valdemar: "Yo sí soy médico... tú no lo eres." Valdemar callaba, aunque en los estatutos sindicales no era obligatorio ser doctor para ocupar la Secretaría General.

Y como ocurre con cada líder sindical enquistado en México, siempre hay un personaje poderoso detrás de él. Para Valdemar Gutiérrez, la llave que le abrió las puertas de Los Pinos y la del despacho presidencial, tiene nombre y apellido: Juan Molinar Horcasitas, director del Instituto Mexicano del Seguro Social (IMSS) con Calderón.

Apoyado por el nuevo gobierno panista, Valdemar Gutiérrez llegó a la Secretaría General del SNTSS, abriendo la página más negra dentro del sindicato que es cuerpo, corazón y alma de una de las instituciones más importantes y reconocidas del país: el IMSS.

Cercano a Los Pinos, Valdemar Gutiérrez logra una diputación federal por Acción Nacional. Gozaba de sus días de poder, de sus privilegios como líder sindical, de su impunidad como legislador, de su amigo, el presidente de la República.

Eran sus días de gloria.

Y había que aprovecharlos.

LOS MILLONES DE VALDEMAR

La ecuación no falla: en cualquier sindicato, una de sus cláusulas principales debería decir: "Prohibida la transparencia de recursos. Opacidad obligatoria." Y pongámosle el gremio que se prefiera: el petrolero, el de la UNAM, el ferrocarrilero, el docente… o el del Seguro Social.

Lo saben todos en el SNTSS. Y la disidencia también.

Hoy, existe el reclamo de más de 700 millones de pesos pertenecientes al Fondo de Ayuda Sindical por Defunción de los Trabajadores, presuntamente defraudados –según denuncian opositores–, durante la gestión sindical de Valdemar Gutiérrez Fragoso.

"Nada más no aparece el fondo", reclama Ismael Bautista, integrante del movimiento Refundación Sindical, aguerrido trabajador del Seguro Social que ha enfrentado los abusos del líder cuando estaba en la cima.

"Cuando se le reclamaba a Valdemar sobre esos recursos, respondía: eso no lo veo yo, le toca a Tesorería", narra Bautista. Pero hay un detalle: el tesorero en turno era designado, directamente, por Valdemar y, por tanto, a él le rendía cuentas.

¿Cómo habría desviado Valdemar Gutiérrez alrededor de 700 millones de pesos correspondientes a defunciones sindicales?

La siguiente es parte de la denuncia presentada ante el Ministerio Público sobre este punto, y se transcribe en forma textual:

OFENDIDO: NICOLÁS SERRATO MEZA Y/ OTROS INCULPADO: VALDEMAR GUTIERREZ FRAGOSO DELITO: ABUSO DE CONFIANZA, FRAUDE, ADMINISTRACION FRAUDULENTA Y/0 LO QUE RESULTE

C. AGENTE DEL MINISTERIO PUBLICO EN TURNO EN LA DELEGACIÓN CUAUHTEMOC DEL DISTRITO FEDERAL, PRESENTE:

NICOLÁS SERRATO MEZA promoviendo por mi propio derecho y en mi carácter de Representante común de los CC. DA VID MARTINEZ CAZARES, ISMAEL BAUTISTA ORZUNA, SIMON DE LA ROSA GUZMAN, ALICIA GALLEGOS LUSTRE, ALFREDO GONZALEZ CARRILLO, DANIEL VARGAS ALENCASTER, MIGUEL ANGEL. JIMENEZ REYES, INOCENCIO GARCIA FLORES, LEONEL LOPEZ GARCIA, JOSE LUIS GARCIA GARCIA, HORTENSIA SANCHEZ GUTIERREZ, SATURNINO RANGEL PALACIOS, JOSE REFUGIO BACA PONCE, JOEL JUAREZ SALAZAR, JUAN RAMIREZ ROBLES, FERNANDO RODRIGUEZ ROMERO, RICARDO MOLINA JIMENEZ, JOAQUIN CASTILLO GONZALEZ y señalando domicilio para oír y recibir todo tipo de notificaciones el ubicado en calle Manganeso No.19, col. Felipe Ángeles, Delegación Venustiano Carranza, México, Distrito Federal y autorizando para ello a los Licenciados en Derecho Manuel Moreno Alvarado, Irma Xatziri Zempoalteca Velasco, Hortensia Sánchez Gutiérrez, Diana Castañón Gómez, Norberto García Moran, Carlos Hernández López, Rene Martínez Jiménez, Reynaldo Estrella Guerrero, ante usted y con el debido respeto comparecemos para exponer:

Que en términos de los artículos 16 de la Constitución General de la República, y sus relativos de la particular para la Entidad 1, 2 y 7, 227, 230 Fracc. V, 234 del Código Penal, 264, 276 y 286 BIS del Código de Procedimientos Penales en vigor para el Distrito Federal, venimos a QUERELLARNOS, por hechos posiblemente constitutivos del delito de FRAUDE, ABUSO DE CONFIANZA, ADMINISTRACION FRAUDU-LENTA, SOBRE EL REGLAMENTO DEL FONDO DE AYUDA SINDICAL POR DEFUNCION DE LOS TRABAJADORES DEL SEGURO SOCIAL, cometidos en agravio del suscrito y de las personas que como representante común represento y en contra del Señor VALDEMAR GUTIERREZ FRAGOSO, en su carácter de SECRETARIO GENERAL DEL SIN-DICATO NACIONAL DE TRABAJADORES DEL INSTITUTO MEXICANO DEL SEGURO SOCIAL, y quien puede ser localizado en ZAMORA 107, CO-LONIA CONDESA, DELEGACIÓN CUAUHTE-MOC, MEXICO, DISTRITO FEDERAL, mismos que describo al tenor de los hechos y consideraciones de derecho siguientes:

HECHOS

1.- Desde el año 1985, el suscrito presta sus servicios como empleado del INSTITUTO MEXICANO DEL SEGURO SOCIAL bajo la categoría de Abogado.

2.- Es el caso que tanto el suscrito como todos los demás querellantes, somos trabajadores activos o jubilados del referido Instituto Mexicano del Seguro Social y se nos descuenta vía nómina de pago, la cantidad de $66.78 mensuales, por concepto 112 activos y por concepto 312, a los jubilados y los entrega de manera inmediata al Sin-dicato Nacional de Trabajadores del Seguro Social para que formen parte del Fondo de Ayuda Sindical por De-función de los Trabajadores del mismo Instituto, acla-rando a esta Representación Social que estos fondos los administra directamente VALDEMAR GUTIERREZ FRAGOSO, con la facultad *que* le confiere el cargo de Secretario General del mismo Sindicato Nacional de Trabajadores del Seguro Social, por lo *que* estos fondos dejan de ser dinero público y pasan a ser administrados por una organización privada, mismas conceptos *que* aparecen como descuentos en los recibos de pago de cada uno de los trabajadores tanto activos como jubilados.

Para mayor entendimiento de la aplicación de dicho descuento quincenal *que* se nos realiza, me permito adjuntar a la presente denuncia el tarjetón de pago en el *que* se aprecia el multicitado descuento en su carátula principal y al reverso del mismo, el concepto aplicado al descuento de mérito.

3.- Ahora bien, El C. VALDEMAR GUTIERREZ FRAGOSO, funge como Secretario General del Sindicato Nacional de Trabajadores del Seguro Social desde el día 16 de octubre de 2006, con una duración de 6 años, por lo *que* en consecuencia, en el año 2012, el hoy indiciado culminara su encargo como Secretario General del organismo sindical referido, lo *que* implicaría el hecho de *que* si al terminar su encomienda no pudiese llevarse a cabo la investigación en los presentes hechos presumibles de delito quedarían impunes sus actos delictivos y resultarían difíciles de comprobar al ya no estar en su encargo, motivo por el cual y en virtud de que al día de hoy todavía dicha persona se encuentra en funciones es por lo que acudimos ante esta Instancia judicial a implorar justicia y legalidad en los actos de dicho inculpado.

4.-Cuando nos enteramos *que* los deudos o beneficiarios de compañeros trabajadores que habían fallecido y *que* acudían a las instalaciones del sindicato del seguro social, ubicado en la calle de Zamora No. 106, col. Condesa, Delegación CUAUHTEMOC, MEXICO,

DISTRITO FEDERAL, a reclamar la cantidad de $160,000.00, tal como lo marca el artículo 8 del Reglamento de Ayuda Sindical por Defunción de los Trabajadores del Seguro Social, les ponían miles de obstáculos para no pagar la cantidad adeudada, porque según el C. VALDEMAR GUTIERREZ FRAGOSO no había los recursos económicos suficientes en los fondos para el pago de dicha prestación, manifestación que resultaba incongruente e ilógica, ya *que* por hacerse vía nomina desde siempre dichos descuentos es imposible que se terminen tales recursos económicos y por ende dicho fondo es basto y suficiente para que el Sindicato sufrague los gastos funerarios de cualquier familiar del finado trabajador que acuda a reclamar lo que por Ley le pertenece, es por lo anterior y por el interés que tenemos en apoyar a nuestros compañeros y sus familiares en hacer exigir sus derechos como miembros del Sindicato Nacional de Trabajadores del Seguro Social.

Anexo al presente curso el Reglamento de Ayuda Sindical por Defunción de los Trabajadores del Seguro Social en el siguiente hecho para acreditar las circunstancias de mérito.

5.- Ante todo lo referido y al existir la duda sobre la malversación de dichos fondos y ejerciendo el derecho a la información pública con que cuenta todo ciudadano, acudimos al Instituto de Información Pública o de Acceso a Datos Personales (IFAI), en donde el C. NICOLAS SERRATO MEZA, hizo la solicitud con número de Folio 0064101316310 para que… "El Instituto Mexicano del Seguro Social me informe la cantidad de dinero que se le ha descontado por nomina a los trabajadores tanto sindicalizados, de confianza y Ju-

bilados y los ha otorgado al Sindicato Nacional de Tra-
bajadores del Seguro Social por concepto de Fondo de
Ayuda Sindical por Defunción de los Trabajadores del
Seguro Social, antes llamado FAS Y MUTUALIDAD,
DESDE EL PERIODO DEL AÑO 2006 y hasta EL
MES DE JULIO DEL 2010".

El IFAI dio respuesta a la solicitud citada, en la que
se desprende que el Instituto Mexicano del Seguro Social otorgó al Sindicato Nacional de Trabajadores del
Seguro Social que representa el C. VALDEMAR GU-
TIERREZ FRAGOSO, las siguientes cantidades en sus
respectivas anualidades:

TRABAJADORES SINDICALIZADOS
Y DE CONFIANZA:
2006: $ 124,819.407.79
2007: $ 154,585,889.62
2008: $ 222,569.926.62
2009: $ 277,063,375.49
A julio 2010: $ 171,048.356.25
JUBILADOS
2006: $ 16,792,453.60
2007: $ 20,427,520.00
2008: $ 45,663,863.50
2009: $ 69,067,575.23
JULIO 2010: $ 45,445,388.41

Dando un gran total entregado por el Instituto Mexicano del Seguro Social al Sindicato Nacional de Trabajadores del Seguro Social de $1'147,483,756.41. [Nota
del autor: mil millones ciento cuarenta y siete millones
cuatrocientos ochenta y tres mil setecientos cincuenta y
seis pesos con cuarenta y un centavos m.n.]

Anexo al presente curso las constancias referidas en el siguiente hecho para acreditar las circunstancias de mérito.

6.- El Sindicato Nacional de Trabajadores del Seguro Social, a través de su periódico de Seguridad Social que publica mes con mes y el cual es elaborado por el órgano interno de información, señala que en sus cortes de caja durante dichos periodos, solo recibió la cantidad de $426,168,593.98, por el concepto del Fondo de Ayuda Sindical por Defunción de los Trabajadores del Seguro Social, por lo que a simple lógica matemática y con la simple operación aritmética de suma, se observa que existe un faltante de capital del Fondo mencionado por la cantidad de $723,315,162.43.

Anexo al presente curso los cortes de caja publicados por el Sindicato Multicitado desde que tomó posesión como Secretario General el inculpado VALDEMAR GUTIÉRREZ FRAGOSO, referidas en el siguiente hecho para acreditar las circunstancias de mérito.

7.- Es oportuno resaltar a esta Representación Social, que queda pendiente de cuantificar el dinero entregado por el Instituto al Sindicato mencionado, lo correspondiente del mes de agosto del 2010 y hasta el mes de febrero del 2011, por lo que la cantidad defraudada por consecuencia pudiese resultar aún mayor de lo cuantificada hasta el periodo referido.

8.- De tal forma y ante todo lo vertido en el presente escrito y para el efecto de esclarecer plenamente la verdad de los posibles hechos constitutivos de delito, solicitamos a esta Representación Social, se requiera al indiciado VALDEMAR GUTIERREZ FRAGOSO, para que:

- Exhiba los estados financieros con sus respectivos movimientos, los números de cuenta y las Instituciones de Crédito Bancarias que manejan los fondos multicitados.
- La documentación que acredite plena e indubitablemente los ingresos y egresos de este Fondo realizados durante toda su gestión sindical.
- El nombre de los trabajadores activos y jubilados, que desde el mes de octubre del año 2006 y hasta el mes de febrero del 2011, han fallecido y el nombre de los beneficiarios de dichos finados a quienes les ha sido pagada la prestación del Fondo de Ayuda Sindical para Defunción, que por Ley nos pertenece, con toda la documentación necesaria exigida para acreditar el deceso del trabajador y la relación filial que existía con los beneficiarios a quien se les pagó y las copias certificadas de los cheques que avalan dicho pago.

Ante tales circunstancias C. AGENTE DEL MINISTERIO PÚBLICO, y toda vez que presumimos que hemos sido defraudados de una manera dolosa por parte del señor VALDEMAR GUTIERREZ FRAGOSO, solicitamos se inicie la indagatoria correspondiente para el efecto de acreditar los extremos del CUERPO DE LOS DELITOS DE ABUSO DE CONFIANZA, FRAUDE ESPECÍFICO, ADMINISTRACION FRAUDULENTA Y LOS QUE PUDIESEN RESULTAR, así como los de la PROBABLE RESPONSABILIDAD del hoy inculpado y una vez concluida la presente se ejercita ACCIÓN PENAL en su contra. Toda vez que los suscritos intentan acreditar que fueron víctimas de un abuso de confianza, fraude específico y administración fraudulenta, en tal sentido, procedo a trascribir el contenido de los artículos 227, 230 fracción V, y 234 del Código Penal para el Distrito Federal.

ARTÍCULO 227. Al que con perjuicio de alguien disponga para sí o para otro de una cosa mueble ajena, de la cual se le haya transmitido la tenencia pero no el dominio, se le impondrán:

V. Prisión de seis a doce años y de novecientos a mil doscientos cincuenta días multa, si el valor de lo dispuesto excede de diez mil veces el salario mínimo.

ARTÍCULO 230. Al que por medio del engaño o aprovechando el error en que otro se halle, se haga ilícitamente de alguna cosa u obtenga un lucro indebido en beneficio propio o de un tercero, se le impondrán:

V. Prisión de seis a once años y de ochocientos a mil doscientos días multa, cuando el valor de lo defraudado exceda de diez mil veces el salario mínimo.

ARTÍCULO 234. Al que por cualquier motivo, teniendo a su cargo la administración o el cuidado de bienes ajenos, con ánimo de lucro perjudique al titular de éstos, alterando las cuentas o condiciones de los contratos, haciendo aparecer operaciones o gastos inexistentes o exagerando los reales, ocultando o reteniendo valores o empleándolos indebidamente, o a sabiendas realice operaciones perjudiciales al patrimonio del titular en beneficio propio o de un tercero, se le impondrán las penas previstas para el delito de fraude.

Es entonces y tomando en consideración la simple lectura de dichos preceptos legales, se advierte que la conducta desplegada por el hoy inculpado se adecua a dichos numerados, toda vez que actuó con dolo y engaño al momento en que recibió la cantidad de dinero referida en nuestro presente escrito, sin embargo, lo que ha hecho dicha persona ha sido obtener ilícitamente una cantidad de dinero que no le pertenecía, ocasionándonos un detrimento a nuestro patrimonio.

Por lo anteriormente expuesto a Usted C. AGENTE DEL MINISTERIO PUBLICO, ADSCRITO A LA DELEGACION CUAUHTEMOC, DE LA PROCURADURIA DE JUSTICIA DEL DISTRITO FEDERAL, atentamente solicitamos:
PRIMERO: Tenernos por presentados con nuestro escrito inicial de cuenta y por autorizados a los profesionistas que mencionamos para los fines indicados, denunciando hechos que pudieran ser constitutivos del delito de FRAUDE ESPECÍFICO, ABUSO DE CONFIANZA, ADMINISTRACION FRAUDULENTA, cometido en mi agravio y en contra de los querellantes al rubro mencionados.
SEGUNDO: Fijar día y hora para la ratificación y ampliación de ley, de la presente denuncia por parte del suscrito y los demás querellantes que para tal efecto represento.
TERCERO: Una vez integrada la indagatoria respectiva solicitar el ejercicio de la acción penal en contra de VALDEMAR GUTIERREZ FRAGOSO.

PROTESTAMOS LO NECESARIO México, Distrito Federal a 11 de marzo del 2011.

[Hasta aquí la denuncia presentada en contra de Valdemar Gutiérrez, entonces todopoderoso del Sindicato del IMSS.]

Es decir: de acuerdo con el IFAI, fue una cantidad la entregada al SNTSS ($1 '147,483,756.41) durante cinco años de gestión sindical de Valdemar Gutiérrez Fragoso (paralelo su ascenso al gobierno de Calderón), y otra, muy diferente y menor ($426,168,593.98) la que se manifestó como entregada por el IMSS.

$723, 315,162.43, sería el faltante que se reclama en la denuncia presentada.

¿Quién va a responder por esta fortuna manejada por el líder sindical?

Legalmente estaba en curso la investigación… hasta que poco más de un año después de presentada y fundamentada la denuncia, Valdemar tuvo un infarto cerebral.

Vaya paradojas que tiene la vida.

O nadie sabe para quién trabaja.

A la manera de la *Cosa nostra* siciliana, quienes han sido líderes del SNTSS integraron una cofradía etiquetada como "Consejo Consultivo" −el club exclusivo de los exsecretarios generales−, que se reúne cada mes para aprobar las gestiones que el dirigente en turno realiza y que sin chistar, cuestionar, ni mucho menos rechazar, arropan y solapan en beneficio personal. Cubrirse las espaldas, pues.

"Nunca se informa nada a los trabajadores", se lamenta Bautista.

Como en la mafia.

¿Quién le gana a nuestros heroicos líderes sindicales?

LOS GUTIÉRREZ

Pero hay más. Mucho más.

La grandiosidad y generosidad de Valdemar Gutiérrez alcanza —como lo hizo Elba Esther Gordillo en su momento, o como lo practica Romero Deschamps—, para cobijar con el manto del presupuesto sindical a su familia, a sus cercanos, a sus amigos.

¿Cómo?

Sencillo para quien tiene vestido el corazón del color del nepotismo: integrándolos a la nómina. Viviendo del presupuesto. Aprendió bien Valdemar desde sus orígenes como priista. Perfeccionó el arte del abuso ya como alfil del panismo.

Para este capítulo, el periodista obtuvo las fichas que comprueban cómo integró Valdemar a sus cercanos a la nómina del IMSS.

1. SILVIA GUTIÉRREZ FRAGOSO-HERMANA

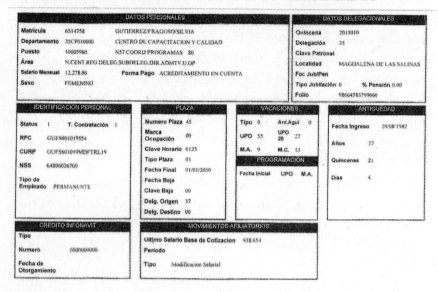

2. VERÓNICA GUTIÉRREZ FRAGOSO –HERMANA

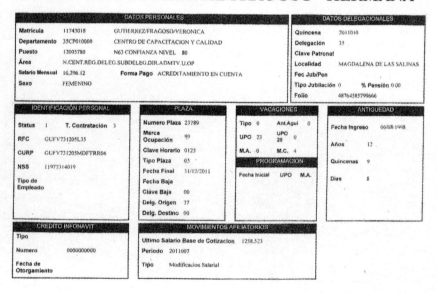

3. ROSA MARÍA GUTIÉRREZ FRAGOSO-HERMANA

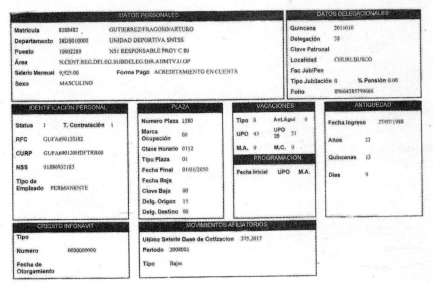

4. ARTURO GUTIÉRREZ FRAGOSO-HERMANO

DATOS PERSONALES		DATOS DELEGACIONALES	
Matrícula	8383483 GUTIERREZ/FRAGOSO/ARTURO	Quincena	2011010
Departamento	38DS010000 UNIDAD DEPORTIVA SNTSS	Delegación	38
Puesto	10002280 N51 RESPONSABLE PROY C 80	Clave Patronal	
Área	N.CENT.REG.DELEG.SUBDELEG.DIR.ADMTV.U.OP	Localidad	CHURUBUSCO
Salario Mensual	9,925.06 Forma Pago ACREDITAMIENTO EN CUENTA	Fac Jub/Pen	
Sexo	MASCULINO	Tipo Jubilación 0 % Pensión 0.00	
		Folio	09664583799666

IDENTIFICACIÓN PERSONAL	PLAZA	VACACIONES	ANTIGÜEDAD
Status 1 T. Contratación 1	Numero Plaza 1580	Tipo 0 Ant.Aguí 0	Fecha ingreso 27/07/1988
RFC GUFA690130J82	Marca Ocupación 00	UPO 43 UPO 21	Años 22
CURP GUFA690130HDFTRR00	Clave Horario 0112	M.A. 9 M.C. 9	
NSS 01886932183	Tipo Plaza 01	PROGRAMACIÓN	Quincenas 13
	Fecha Final 01/01/2050	Fecha Inicial UPO M.A.	Días 9
Tipo de Empleado PERMANENTE	Fecha Baja		
	Clave Baja 00		
	Delg. Origen 15		
	Delg. Destino 00		

CREDITO INFONAVIT	MOVIMIENTOS AFILIATORIOS
Tipo	Ultimo Salario Base de Cotización 375.2017
Numero 0000000000	Periodo 2008001
Fecha de Otorgamiento	Tipo Bajas

5. SERGIO GUTIÉRREZ FRAGOSO-HERMANO

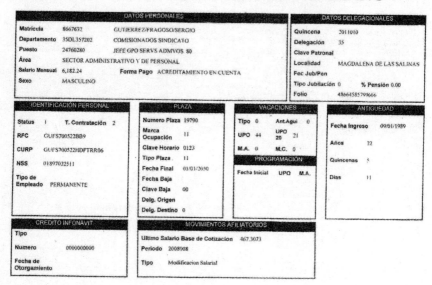

DATOS PERSONALES

Matrícula	8667632	GUTIERREZ/FRAGOSO/SERGIO	
Departamento	35DL357202	COMISIONADOS SINDICATO	
Puesto	24760280	JEFE GPO SERVS ADMVOS 80	
Área	SECTOR ADMINISTRATIVO Y DE PERSONAL		
Salario Mensual	6,182.24	Forma Pago	ACREDITAMIENTO EN CUENTA
Sexo	MASCULINO		

DATOS DELEGACIONALES

Quincena	2011010
Delegación	35
Clave Patronal	
Localidad	MAGDALENA DE LAS SALINAS
Fec Jub/Pen	
Tipo Jubilación 0	% Pensión 0.00
Folio	48664585799666

IDENTIFICACIÓN PERSONAL

Status	I T. Contratación 2
RFC	GUFS700522BB9
CURP	GUFS700522HDFTRR06
NSS	01897022511
Tipo de Empleado	PERMANENTE

PLAZA

Numero Plaza	19790
Marca Ocupación	11
Clave Horario	0123
Tipo Plaza	11
Fecha Final	01/01/2030
Fecha Baja	
Clave Baja	00
Delg. Origen	
Delg. Destino	0

VACACIONES

Tipo 0	Ant.Agui 0
UPO 44	UPO 20 21
M.A. 0	M.C. 0

PROGRAMACIÓN

Fecha Inicial	UPO M.A.

ANTIGUEDAD

Fecha Ingreso	09/01/1989
Años	22
Quincenas	8
Dias	11

CREDITO INFONAVIT

Tipo	
Numero	0000000000
Fecha de Otorgamiento	

MOVIMIENTOS AFILIATORIOS

Ultimo Salario Base de Cotizacion	467.3073
Periodo	2008008
Tipo	Modificacion Salarial

6. CÉSAR GUTIÉRREZ FRAGOSO-HERMANO

COORDINACION DE RELACIONES CONTRACTUALES   CVE.ADS.095217615001101   RFC:GUFC750419LW4   2A-DIC-2009 No. 153

10933344		GUTIERREZ FRAGOSO CESAR																24255	365
MATRICULA	CTL GAF			NOMBRE														No. PLAZA	D.L.A.

CLAVE EST. ORG	NOMBRE DE ADSCRIPCION									UBICACION								FECHA TERMINO	
09NC011602	COMISIONADOS SNTSS									PASEO DE LA REFORMA								27/03/1995	
20770080	JEFE DE OFICINA A 80									GUFC750419HDFTRS01								FECHA DE INGRESO	

CLAVE CATEGORIA		NOMBRE CATEGORIA								CLAVE UNICA DE REGISTRO POBLACIONAL										
INC	RET	PS	FAL	FG	RT	MAT	COM	CAP	LCB	LSS	LVC	BSS	BCS	VAC	NM	ND	S/R	No. SEGURIDAD SOCIAL	CAP. DE. CREDITO
																	1	20937531687	-7,186.99

AÑO		12,652.22			14 AÑOS	14 QNAS	14 DIAS		0					11					
ASIDUIDAD	DAJ	SAL MENS. INT.	H	G	A	ANTIGUEDAD EFECTIVA			MATRICULA TITULAR		MO	IMP. LIQ. DEPOSITADO CTA.			BANCO				
CB	TC	SUELDO	DP	CPTO. 011		CPTO. 017	CPTO. 015/018		CPTO. 020		CPTO. 022		CPTO. 050		CPTO. 057/058				
2	3,301.23	15	1,327.09		0.00		0.00		225.00		1,272.79		200.00		0.00				
0.00	0.00	0.00			617.11	2	367.73		224.50		92.57		0.00						
CPTO. 062/064/072	CPTO. 030	CPTO. 032	QNA. INC.	CPTO. 033		DIAS	CPTO. 151		CPTO. 152		CPTO. 180		CPTO. 182		DSTV				

CPTO.		IMPORTE	VENC.		UNIDADES		NUM. CONTROL			CARGO INICIAL				OBSERVACIONES					
032		925.66	2009024		3									QI 24					
107		374.16	2009024											PROVISION FONDO JUBIL					
112		32.42	2009024																
155		2,711.30	2999099		35A3		144040							PICAZO/SOTO/GRICKLDA					
155		2,711.30	2999099		35A3		144040							PICAZO/SOTO/GRICKLDA					
160		612.90	2010001		30		190809			18,387.00		17,774.10	612.90						
190		0.00	2011018		60		35			66,951.60		18,969.62	47,981.98						
190		0.00	2011018		60		35			66,951.60		18,969.62	47,981.98						
192		0.00	2013018		98		35												
192		0.00	2013018		98		35							RECIBI DE CONFORMIDAD					

MIRA A LA PERSONA, NO SU CONDICIÓN DE DISCAPACIDAD
SI PRESENTAS DECLARACIÓN ANUAL VERIFICA TU RFC ANTE EL SAT,
CORRÍGELO EN TU DELEGACIÓN ANTES DEL 31 DE DICIEMBRE

FIRMA

NO	VAC	028	0	1	13	16052010	30			7,868.88	7,126.88	742.00
AA		NORM	V20	V	MC	POR VENCER	PER.	INICIO	INICIO	PERCEPCIONES	DEDUCCIONES	LIQUIDO

7. JORGE GUTIÉRREZ FRAGOSO-HERMANO

ALMACEN DE PROG. ESPECIALES RED FRIA		CVE.ADS.09A703631400101	RFC:GUFJ580218UJ8	1A-MAY-2011 No. 6873

9751424	1	GUTIERREZ FRAGOSO JORGE		26845	135
MATRICULA	CTL GAF	NOMBRE		No. PLAZA	D.I.A.
CLAVE EST. ORG.		NOMBRE DE ADSCRIPCION	UBICACION		FECHA. TERMINO
09AC050000	ALMACEN DE PROG. ESPECIALES RED FRIA		CALZADA VALLEJO 675		
10003280	N62 JEFE DE AREA 80		GUFJ580218HDFTRR09		02/01/1992
CLAVE CATEGORIA	NOMBRE CATEGORIA		CLAVE UNICA DE REGISTRO POBLACIONAL		FECHA DE INGRESO

INC	RET	PS	FAL	EG	RT	MAT	COM	CAP	LCS	LSS	LVC	BSS			No. SEGURIDAD SOCIAL	CAP. DE CREDITO
AÑO															19775838261	- 313.85

			31,875.42		A	19 AÑOS	8 DIAS	0 DIAS		0		00	0000001103848574	007
ABIDUIDAD	DAJ	SAL MENS. INT.	H G A		ANTIGUEDAD EFECTIVA			MATRICULA TITULAR		MO	IMP. LIQ. DEPOSITADO CTA.		BANCO
CB	TC	SUELDO	DP	CPTO. 011	CPTO. 013	CPTO. 015/016	CPTO. 020		CPTO. 022	CPTO. 050		CPTO. 057/058
1	7,712.40	15	3,362.61	0.00	0.00	225.00	4,337.70		200.00		0.00
0.00	0.00	2,214.99	7	2,953.32	2	1366.50	558.19		97.35		0.00
CPTO. 062/064/072	CPTO. 030	CPTO. 032	QNA. INC.	CPTO. 033	DIAS	CPTO. 151	CPTO. 152		CPTO. 180	CPTO. 182	DSTV

CPTO.	IMPORTE	VENC.		UNIDADES	NUM. CONTROL	CARGO INICIAL		OBSERVACIONES
107	1,116.39	2011009						PROVISION FONDO JUBIL
112	33.39	2011009						
119	479.92	2011024			209898	14,877.62		7,678.72 7,198.90
134	2,336.28	2015016			209898	41.1997586		6.7999958 .4000000
192	200.00	2011018		98	09			
196	100.00	2011009		393	9412	36,200.00		4,194.50 35,632.59

OBTÉN GRANDES BENEFICIOS EN TU SALUD Y ECONOMÍA, EJERCE LA PRESTACIÓN DE DOTACIÓN DE ANTEOJOS DE FORMA GRATUITA RECUERDA PRESENTAR EN MAYO TU DECLARACION DE MODIFICACION PATRIMONIAL, INGRESA A Declaranet.gob.mx

RECIBI DE CONFORMIDAD

FIRMA

NO	VAC	037	0	1	4	15072011	39			21,006.02	6,288.02	14,718.00
AA		NORM	V20	V	MC	POR VENCER	PER	INICIO	INICIO	PERCEPCIONES	DEDUCCIONES	LIQUIDO

8. JAIME GUTIÉRREZ FRAGOSO-HERMANO

DIV S GRALES CENTRACOM LA RAZA		CVE.ADS.09A175751270101	RFC:GUFJ580518K49	1A-MAY-2011 No. 6446

11748834		GUTIERREZ FRAGOSO JAIME		16459	135
MATRICULA	CTL GAF	NOMBRE		No. PLAZA	D.I.A.
CLAVE EST. ORG.		NOMBRE DE ADSCRIPCION	UBICACION		FECHA. TERMINO
09SA020000	DIV S GRALES CENTRACOM LA RAZA		SERIS Y ZAACHILA C M		
10001580	N49 LIDER PROYECTO B 80		GUFJ580518HDFTRM04		16/04/2000
CLAVE CATEGORIA	NOMBRE CATEGORIA		CLAVE UNICA DE REGISTRO POBLACIONAL		FECHA DE INGRESO

INC	RET	PS	FAL	EG	RT	MAT	COM	LCS	LSS	LVC	BSS	BCB	VAC	NM	ND	S/R	No. SEGURIDAD SOCIAL	CAP. DE CREDITO
AÑO													14		4		11995800783	1,367.71

			17,062.06			11 AÑOS	5 QNAS	10 DIAS		0		00	0000001416493750	007
ABIDUIDAD	DAJ	SAL MENS. INT.	H G A		ANTIGUEDAD EFECTIVA			MATRICULA TITULAR		MO	IMP. LIQ. DEPOSITADO CTA.		BANCO
CB	TC	SUELDO	DP	CPTO. 011	CPTO. 013	CPTO. 015/016	CPTO. 020		CPTO. 022	CPTO. 050		CPTO. 057/058
1	4,608.06	15	2,009.11	0.00	0.00	225.00	1,488.86		200.00		0.00
0.00	0.00	1,323.42	7	882.28	2	654.01	305.56		58.65		0.00
CPTO. 063/064/072	CPTO. 030	CPTO. 032	QNA. INC.	CPTO. 033	DIAS	CPTO. 151	CPTO. 152		CPTO. 180	CPTO. 182	DSTV

CPTO.	IMPORTE	VENC.		UNIDADES	NUM. CONTROL	CARGO INICIAL		OBSERVACIONES
107	611.12	2011009						PROVISION FONDO JUBIL
112	33.39	2011009						
192	2,500.00	2014022		98	09			
196	35.00	2011009		61	092108	2,135.00		640.50 119.61

OBTÉN GRANDES BENEFICIOS EN TU SALUD Y ECONOMÍA, EJERCE LA PRESTACIÓN DE DOTACIÓN DE ANTEOJOS DE FORMA GRATUITA

RECIBI DE CONFORMIDAD

FIRMA

NO	VAC	021	0	1	13	20082011	23	25JUL	22NOV	10,736.73	4,197.73	6,539.00
AA		NORM	V20	V	MC	POR VENCER	PER	INICIO	INICIO	PERCEPCIONES	DEDUCCIONES	LIQUIDO

9. VALDEMAR GUTIÉRREZ BOTELLO-HIJO

CENTR NAL DE CAP Y CALIDAD			CVE.ADS.09A5616F8220801	RFC:GUBV811106NZ8		1A-MAY-2011 No. 6612
99351671		GUTIERREZ BOTELLO VALDEMAR			22993	135
MATRICULA	CTL GAF		NOMBRE		No. PLAZA	D.L.A.
CLAVE EST. ORG		NOMBRE DE ADSCRIPCION		UBICACION		FECHA TERMINO
09CN010000	CENTR NAL DE CAP Y CALIDAD			CONJUNTO VILLA COAPA		
12005780	N63 CONFIANZA NIVEL 80			GUBV811106HDFTTL07		16/08/2003
CLAVE CATEGORIA		NOMBRE CATEGORIA		CLAVE UNICA DE REGISTRO POBLACIONAL		FECHA DE INGRESO
INC RET PS FAL EG RT MAT COM CAP LGS LSS LVC BSS BCS VAC NM NO S/R				No. SEGURIDAD SOCIAL		CAP. DE CREDITO
AÑO	153			6	11038107717	2,169.32
	28,541.44	7 AÑOS 18 DIAS 0 DIAS		00	0000001480352853	007
ASIDUIDAD	DAJ SAL MENS. INT.	H G A	ANTIGUEDAD EFECTIVA	MATRICULA TITULAR	MO IMP. LIQ. DEPOSITADO CTA.	BANCO
CB TC	SUELDO	DP CPTO. 011	CPTO. 013 CPTO. 015/016	CPTO. 020	CPTO. 022 CPTO. 050	CPTO. 057/058
1	8,148.06	15 3,552.55	0.00 0.00	225.00	2,145.11 200.00	0.00
0.00	0.00 2,340.12	7 1,560.08	2 1443.27	515.88	50.63	0.00
CPTO. 062/064/072	CPTO. 030	CPTO. 032 QNA. INC.	CPTO. 033 DIAS	CPTO. 151	CPTO. 152 CPTO. 180	CPTO. 182 DSTV
CPTO.	IMPORTE	VENC.	UNIDADES	NUM. CONTROL	CARGO INICIAL	OBSERVACIONES
107	1,031.75	2011009				PROVISION FONDO JUBIL
112	33.39	2011009				
192	4,000.00	2011014	98	09		

OBTÉN GRANDES BENEFICIOS EN TU SALUD Y ECONOMÍA, EJERCE LA PRESTACIÓN DE DOTACIÓN DE ANTEOJOS DE
FORMA GRATUITA RECUERDA PRESENTAR EN MAYO TU DECLARACION DE
MODIFICACION PATRIMONIAL, INGRESA A Declaranet.gob.mx

RECIBI DE CONFORMIDAD

FIRMA

SI	VAC	015	0	0	4	15082011	16			18,170.92	7,074.92	11,096.00
AA		NORM	V20	V	MC	POR VENCER	PER	INICIO	INICIO	PERCEPCIONES	DEDUCCIONES	LIQUIDO

10. BERTHA ALICIA BOTELLO-EXESPOSA

COORDINACION DE RELACIONES CONTRACTUALES		CVE.ADS.095217615001101	RFC:BOAB610425031		2A-MAY-2011 No. 2625
4223438	1	BOTELLO AMANTE BERTHA LETICIA		20869	151
MATRICULA	CTL GAF	NOMBRE		No. PLAZA	D.L.A.
CLAVE EST. ORG	NOMBRE DE ADSCRIPCION		UBICACION		FECHA TERMINO
09NC011602	COMISIONADOS SNTSS		PASEO DE LA REFORMA		
12122180	N44 SUBJEFE ENFER UMAE 80		BOAB610425MSRTMR07		01/01/1981
CLAVE CATEGORIA	NOMBRE CATEGORIA		CLAVE UNICA DE REGISTRO POBLACIONAL		FECHA DE INGRESO
INC RET PS FAL EG RT MAT COM CAP LGS LSS LVC BSS BCS VAC NM NO S/R			28	1 24806152237	2,462.22
AÑO	24,981.06 H	29 AÑOS 10 DIAS 12 DIAS	0	11 0000001113154033	007
ASIDUIDAD	DAJ SAL MENS. INT.	H G A ANTIGUEDAD EFECTIVA	MATRICULA TITULAR	MO IMP. LIQ. DEPOSITADO CTA.	BANCO
CB TC	SUELDO	DP CPTO. 011 CPTO. 013 CPTO. 015/016	CPTO. 020	CPTO. 022 CPTO. 050	CPTO. 057/058
1	3,951.24	15 1,722.74 0.00 0.00	225.00	4,211.98 200.00	1,758.93
0.00	0.00 0.00	991.06 2 962.54	433.62	88.78	0.00
CPTO. 062/064/072	CPTO. 030	CPTO. 032 QNA. INC. CPTO. 033 DIAS	CPTO. 151	CPTO. 152 CPTO. 180	CPTO. 182 DSTV
CPTO.	IMPORTE	VENC. UNIDADES	NUM. CONTROL	CARGO INICIAL	OBSERVACIONES
024	567.40	2999099	889980		COMPENSACION
032	1,486.58	2011010 3			QI 10
032	84.12	2011010	9996		01/04/11 AL 15/04/11
033	56.08	2011010	9996		01/04/11 AL 15/04/11
054	420.64	2011010	9996		
107	578.16	2011010			PROVISION FONDO JUBIL
112	33.39	2011010			
121	10.42	2011010			
130	2,042.63	2030018	509001	105.9089665	44.0910335 .3377968
131	116.45	2011013	509001	465.79	116.45 349.34
132	73.75	2011013	509001	295.00	73.75 221.25
192	4,500.00	2011014 98			
195	777.03	2999099	010797	777.03	HF1160

ANTES DE INICIAR TRÁMITES DE JUBILACIÓN O PENSIÓN VALIDA EN TU COMPROBANTE DE PAGO NOMBRE, RFC Y CURP
PAGO DE DIFERENCIAS DE CTO 032 Y 033 QNA.OPE 07,2011.

RECIBI DE CONFORMIDAD

FIRMA

NO	VAC	059	29	0	0	18062011	59			15,675.77	9,616.77	6,059.00
AA		NORM	V20	V	MC	POR VENCER	PER	INICIO	INICIO	PERCEPCIONES	DEDUCCIONES	LIQUIDO

11. DELIA IRENE BOTELLO-EXCUÑADA. ENCARCE-LADA POR EL INCENDIO EN LA GUARDERÍA ABC

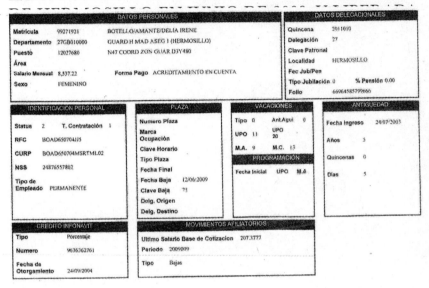

¡Vaya con la familia Gutiérrez! ¡Pues qué trabajadores, unidos y solidarios nos salieron… pero al amparo de Valdemar y de la nómina!

¡Qué laboriosos… qué afanosos!

EL CAMBIADOR DE VÍAS

—¿Y cómo quedamos con el Contrato Colectivo del Tren Ligero?—, preguntó Víctor Flores, líder del sindicato ferrocarrilero, al dirigente de otro sindicato.

—Ese nos corresponde a nosotros, Víctor… vamos a luchar por las condiciones generales de trabajo—, le respondió.

—Esas me corresponden a mí…

—Pues lo vemos, ¿no?

Flores taladró con la mirada a su par sindical y le amenazó:

—¿Usted tiene hijos, verdad? Yo no tengo… Y a los hijos hay que cuidarlos…

Y Víctor Flores acabó manejando el Contrato Colectivo de Trabajo de los empleados del Tren Ligero en la ciudad de México.

Ese es Víctor Flores, el poderoso, oscuro y temido líder del Sindicato Nacional de Trabajadores Ferrocarrileros de la República Mexicana (SNTFRM).

Chaparrón, mal encarado, barbado, cacarizo, bravucón, Flores es el típico líder sindical que bien pudo haber encajado en el Chicago violento de los años treinta. Su inescrutable vida privada contrasta con su tormentosa vida pública como líder sindical. De la pobreza en Veracruz a la opulencia en la capital, bajo el sello infaltable de la estirpe de líderes sindicales: el servilismo hacia el presidente en turno, llámese priista o panista. La piel del poder.

"¡A sus órdenes, señor presidente!", se le cuadró públicamente a Vicente Fox en el año 2000, cuando el panista ganó la presidencia. Para el compañero Víctor —algunos lo llaman "El hombrecillo", por su baja estatura—, el daltonismo político ha sido fundamental: azules o tricolores han servido por igual, desde Los Pinos, para apuntalar su liderazgo al frente del sindicato ferrocarrilero durante ya veinte años. Más los que se acumulen.

Igual que Romero Deschamps, Flores ha sido contribuyente para las campañas presidenciales del PRI. Aportó a la de Ernesto Zedillo, con quien paradójicamente tenía una estupenda relación —sus trayectorias políticas y académicas fueron sol y sombra, aunque podría explicarse también su afinidad por un común denominador: el origen humilde de ambos—, y fue en el sexenio zedillista donde su liderazgo sindical se consolidó, marcado por el abuso patrimonial del sindicato en favor del PRI.

> Manuel Castillo Alfaro, un exlíder ferrocarrilero, hoy con residencia en el puerto de Veracruz, descubrió en 1995 que en el sindicato había un desfalco por 25 millones de pesos. Este exdirigente admite que pudo constatar que Víctor Flores había sustraído en 1994 esa cantidad en varios cheques con el argumento de que serían para la campaña de Ernesto Zedillo. En la PGR está archivada la denuncia ACO/17/DO/95 por ese hecho. Jamás se le dio cauce. (Linaloe R. Flores/ *SinEmbargo MX* /15/04/2013.)

O saqueos a las arcas sindicales denunciados y olvidados bajo la etiqueta indiscutible de México, el país de la impunidad:

> El saqueo del fideicomiso creado después de la venta de FNM, para asegurar la pensión de 52 000 extrabajadores. De los 416 millones de pesos que el gobierno federal aportó, Flores habría desviado hacia sus cuentas personales 400 millones de pesos, según la averiguación previa número AP/PGR/SON/HER-1/1180/2006. Jamás se le dio cauce. (Linaloe R. Flores/ *SinEmbargo MX* /15/04/2013.)

De hechos como esos se explica su riqueza actual:

"Su niñez la pasó con un par de zapatos y unas chanclitas… hoy, los coches BMW son su forma de transporte por la ciudad de México. Y las joyas de oro su adorno. Llegó a pagar cuentas de cien mil pesos", narra Linaloe R. Flores, reportera completa, en la rigurosa e impecable semblanza que escribió sobre Víctor Flores, y de la cual incluiré fragmentos a lo largo de este capítulo.

"DETRÁS DE UNA FORTUNA HAY UN CRIMEN"

La frase absoluta de Honoré de Balzac no podría ser más precisa y justa para enmarcar la historia de Víctor Flores dentro del sindicalismo mexicano. El pasaje es una llaga que supura en la historia obrera del país:

El 17 de julio de 1993, en el estacionamiento del Hotel Pontevedra, colonia Santa María La Ribera, Distrito Federal, un hombre, acompañado de una mujer, es asesinado a tiros por un sicario solitario. Algunos diarios publicaron sobre esta muerte: "En riña de borrachos, muere Praxedis Fraustro Esquivel, secretario general del Sindicato Nacional de Ferrocarriles de México." "Asesinan a Praxedis." "Abatido en hotel, el líder ferrocarrilero."

Praxedis no era, de hecho, otro líder sindical más.

Era el sindicalista apoyado por el entonces presidente Carlos Salinas de Gortari al frente del sindicato ferrocarrilero. Su líder de confianza.

Pero además, fue el principal opositor y dique, dentro del sindicato ferrocarrilero, del grupo de Jorge Peralta, quien había sido secretario general desde 1986 –carne de presidio, acusado de asesinato en Veracruz– y del tenebroso Víctor Flores, personaje cercano a Peralta. Tanto Peralta como Flores le tenían, literalmente, pánico a Praxedis.

Hasta que una madrugada lo mataron.

En 1993, el dirigente nacional del Sindicato de Ferrocarriles, Praxedis Fraustro, colocó cámaras de video en las oficinas del tesorero Víctor Flores Morales. Él lo sabía. Praxedis Fraustro se había encargado de hacérselo saber. Con frecuencia, le preguntaba a su guardaespaldas: "¿Sí o no le dije? Mira, Víctor, róbate un solo centavo y te parto la madre, te ando dando una madriza, me vale madre que seas un pinche enano y échame a tu papá Peralta, con él sí me puedo dar en la madre porque somos del mismo peso." La madrugada del 17 de julio de 1993, todo cambió. Praxedis Fraustro cayó en el charco de su propia sangre. Dos años después, Víctor Flores Morales se encumbró como nuevo dirigente

sindical. No ha dejado ese puesto. (Linaloe R. Flores/
SinEmbargo MX /15/04/2013.)

"Detrás de una fortuna, hay un crimen."

O dime a quién beneficia el crimen, y te diré quién es el
culpable.

Muerto Praxedis, el SNTFRM fue botín de Víctor Flores
quien, en 1995, en una elección –por darle un nombre– con
planilla única con él a la cabeza, sin oposición, respaldado
por Ernesto Zedillo, logró su sueño: ser secretario general del
SNTFRM.

Atrás quedaron los miedos a Praxedis.

Adiós a los días de pobreza.

¡A sus órdenes, señor presidente!

CLIENTE FRECUENTE DE LA PGR

Víctor Flores fue clave en el proceso privatizador de Ferrocarriles Nacionales de México (FNM), durante el zedillismo.
Zedillo lo veía con buenos ojos. Aliados en la venta de los tre-
nes mexicanos. Comparsas en propósitos comunes.

Linaloe R. Flores aporta que Víctor tiene un récord judicial vergonzante: ¡14 mil denuncias concentradas y archivadas en la PGR!, y nos recuerda un pasaje emblemático de
esta relación de poder Los Pinos-SNTFRM: "[Agradezco] en
especial el liderazgo firme, combativo y comprometido con
las mejores causas de México y de su gremio, ¡el compañero,
Víctor Flores!" Fue la frase emocionada del expresidente Ernesto Zedillo el 7 de noviembre de 1995, al conmemorar el
Día del Ferrocarrilero. Pocos meses después, Zedillo anunció

la privatización de FNM. En forma paulatina, en un proceso que aún no concluye, el Estado empezó a retirarse de la operación de la empresa creada por Porfirio Díaz en 1910 y escenario de una de las huelgas de comunistas más emblemáticas, la de Demetrio Vallejo en 1959.

> Un equipo de expertos trazó la nueva política de los rieleros, que los sacó de sus viejos cuarteles y los puso frente a la disyuntiva de la liquidación voluntaria, no siempre con éxito. En 1995, el gobierno presentó al Congreso una iniciativa para modificar el artículo 28 de la Constitución, que reservaba al Estado la exclusividad de explotación de los ferrocarriles. No tardó mucho la Ley Reglamentaria del Servicio Ferroviario de la que se desprendieron las bases para la entrada del sector privado. Una empresa extranjera no podía disponer de más del 49 por ciento de la compañía y las concesiones fueron otorgadas por 50 años.

Del compañero Ernesto al compañero Víctor.

Todos contentos.

Menos, miles de ferrocarrileros.

Porque al amparo de la privatización ferrocarrilera, se cometieron presuntos abusos con los fondos y partidas destinadas, supuestamente, para beneficio de los pensionados y jubilados ferrocarrileros.

¡Vaya!: si el combativo y respetado Demetrio Vallejo se levantara de su tumba y conociera a Víctor Flores, seguro preferiría regresar al camposanto.

Es la historia negra de Víctor Flores.

¿DÓNDE QUEDÓ EL DINERO?

A Víctor Flores le teme la mayoría de los viejos ferrocarrileros, aunque hay excepciones valientes.

Hace unos meses, en un evento celebrado en Los Pinos, el veterano y combativo Pedro Montoro, la cabeza principal de la oposición a Víctor Flores, lo arrinconó a unos cuantos pasos de Enrique Peña Nieto, reclamándole sus abusos sindicales. Flores palideció. El presidente estaba muy cerca y Montoro lo acribillaba bajo interrogatorio tenaz, de fuego.

"¡Yo jalo… yo jalo!", balbuceaba angustiado Víctor Flores. Peña se acercaba a ellos. Montoro optó por la prudencia y se alejó.

El reclamo permanente de los viejos ferrocarrileros hacia Víctor Flores no es gratuito.

Hay dinero que se ha esfumado del sindicato, acusan opositores. Dinero que no aparece.

Ejemplos:

A la venta de Ferrocarriles Nacionales de México, el gobierno federal destinó $345, 900,000.00 pesos, para integrar un Fideicomiso para el Seguro de Vida de los 55 912 socios trabajadores a quienes se les otorgó el beneficio de la jubilación tras el proceso privatizador.

Sin embargo, el fideicomiso ha sido manejado, en los últimos años, como cuenta particular de Víctor Flores, sin rendir cuentas a nadie, bajo la sombra de la opacidad, se queja Montoro.

Montoro y los jubilados agrupados en la Fraternidad de Ferrocarrileros Jubilados Mexicanos (FFJM), han presentado varios escritos y denuncias ante la PGR sin que, hasta hoy, se investiguen las posibles irregularidades y maniobras financieras de Flores. La última querella se registró en agosto de 2014.

En ella –por el delito de "fraude y los delitos que resulten"–, se pide investigar cómo se ha manejado el fideicomiso por parte de la dirigencia sindical encabezada por Víctor Flores, ya que tan sólo en los primeros seis meses de operación bancaria, se obtuvieron ganancias –por intereses– por diez millones de pesos. ¿Dónde quedó ese dinero?

Aún más.

La falta de rendición de cuentas del sindicato implica que los descuentos que se han hecho a los trabajadores en los últimos años por concepto de "seguro de vida", se entregaron directamente al STFRM... pero se ignora si también fueron integrados al fideicomiso.

El problema es que a los 34 000 ferrocarrileros pensionados sobrevivientes se les ha dicho, llanamente, que ya no hay fondos.

¿Dónde está nuestro dinero?, se pregunta Montoro.

En abril del 2013, los senadores Adriana Dávila y Martín Orozco, presentaron un Punto de Acuerdo en el que piden a la Secretaría de Hacienda que, a través de la Comisión Nacional de Seguros y Finanzas:

> [...] investigue e informe a esta soberanía las condiciones en que se presta el supuesto seguro de vida, cuyo pago se hace con el descuento de los jubilados de FNM.

Y a la Secretaría de Comunicaciones y Transportes:

> Se exhorta a la Secretaría de Comunicaciones y Transportes, en su carácter de dependencia coordinadora del sector y como responsable de la designación del liquidador, informe a esta soberanía sobre el concepto de pago de seguro que se descuenta a los trabajadores ju-

bilados del organismo denominado Ferrocarriles Nacionales de México en extinción, así como el destino de tales recursos.

Hasta la entrega de este trabajo periodístico, ni Hacienda ni la SCyT habían respondido sobre el manejo de los fondos de los pensionados ferrocarrileros.

Pero aún hay más sobre Víctor Flores:

De Linaloe R. Flores (*SinEmbargoMX* /15/04/2013):

El cúmulo de demandas en su contra: 14 000, según una fuente de Averiguaciones Previas de la PGR. Víctor Flores Morales está acusado del saqueo del Fideicomiso para la Jubilación en el proceso de privatización de FNM entre 1995 y 1996, la ficticia venta de casas del Infonavit en Azcapotzalco y Tlalnepantla en 2001, y el fraude a pensionados de Empalme, Sonora en 2006, entre otras cosas. En cada historia hay dinero. Más de 700 millones de pesos, si se sigue el rastro que dejan las demandas.

A él no le gusta hablar. No concede entrevistas. Diputado federal tres veces (1997-2000; 2003-2006 y 2009-2012) jamás subió a la tribuna. Sólo dos eventos lo dibujan como legislador: le regaló un reloj Cartier a una Diputada y le arrebató la máscara de marrano a Marco Rascón. Nada más en ese escenario. Tampoco en el sindicato o el Congreso del Trabajo –instancia que presidió tres veces– se lució por dotes oratorias. En la lectura del discurso de su reelección de 2006, dijo: "El país en el que vive el líder tiene problemas que se están superando y las *gentes* que *jueron* ya regresaron." Aquella vez, abandonó el micrófono entre las risas de los trabajadores.

Las denuncias ante la PGR se desgranan. 2001.- El dirigente gestionó ante el Infonavit créditos a nombre del sindicato de ferrocarrileros para la construcción del Fraccionamiento Democracia Sindical, en Avenida Ceylán, en Azcapotzalco. Un año después, la Delegación clausuró la obra por no contar con permisos. En Tlalnepantla, estado de México, ofreció otros 74 edificios de viviendas que tampoco entregó. 2003.- Desfalco de fondos de Sociedad Mutualista Previsión Obrera. 2004.- Irregularidades en el proceso de liquidación de FNM (Diferentes a las del fideicomiso). 2006.- Utilización a su favor de los recursos de un fideicomiso creado para la jubilación de los trabajadores de Empalme, Sonora. 400 millones de pesos.

De Víctor Flores y sus inicios:

"En esa época, Flores estaba jodido", abona un ferrocarrilero jubilado, avecindado en la colonia Guerrero de la ciudad de México. "No se cambiaba de ropa. Siempre con una gabardina vieja, hiciera calor o frío. Le llegaba hasta los pies, casi la arrastraba. Él se veía más chaparro, con el perdón." El reflejo de aquellos tiempos es la casa de 50.65 metros cuadrados, en el condominio número 215 de la calle Guerrero en la colonia del mismo nombre... 1996 fue un año bendito. Por lo menos para él. El dirigente compró al contado un edificio de departamentos en la calle Edison, número 165 de la colonia San Rafael. Las viviendas estaban hipotecadas y saldó los adeudos al contado. En diferentes transacciones, pagó 1 431 118 pesos [Folios 474776, 686358, 9441469, 9441469 del Registro Público de la Propiedad del Distrito Federal, de acuerdo con investigación de *SinEmbargo MX*]".

LA PRIMERA COMPRA DEL "LÍDER"

El año de la privatización de Ferronales, vivía en un departamento de 50.65 metros cuadrados en el condominio número 215 de la calle Guerrero en la colonia del mismo nombre, en el DF. Ese mismo año compró, de contado, un edificio en la calle Edison, en el 165 de la colonia San Rafael. Fotos: Ana Esquivel, SinEmbargo

De la humildad a la opulencia. (*SinEmbargo MX*)

FLORES Y LOS PERALTA

Mientras los miles de jubilados de Ferronales se truenan los dedos cada quincena –su Reglamento de Jubilaciones dispone textualmente en el Artículo 16: "En ningún caso el personal de escalafón que tenga derecho a ser jubilado, se le concederá pensión inferior a $836.00 (ochocientos treinta y seis pesos m.n.) mensuales, ni mayor de $1,536 (mil quinientos treinta y seis pesos m.n.) mensuales–, el líder y el hermano de su amigo Jorge Peralta, no tienen ese problema. Sus pensiones son jugosas.

El ferrocarrilero Víctor Flores Morales (N° de jubilado 0394619) recibe, como pensión mensual jubilatoria, $40 561.88 (cuarenta mil quinientos sesenta y un pesos m.n.).

RECIBO 1 DE VÍCTOR FLORES MORALES

RECIBO 2 DE GONZALO PERALTA VARGAS

Gonzalo Peralta Vargas (N° de jubilado 1943030) –hermano de Jorge Peralta– percibe como pensión mensual jubilatoria: $25 841.32 (veinticinco mil ochocientos cuarenta y un pesos m.n.).

Para algo les alcanzará.

En el caso de Víctor Flores, al menos para las propinas.

¿Y para el amigo Jorge Peralta, no hay apoyos extraordinarios?

¡Por supuesto!

El siete de septiembre de 2001, por ejemplo, a Jorge –maestro, amigo y *consiglieri* de Víctor Flores–, se le hizo un depósito por un millón de pesos:

Los demás pensionados, que se jodan con sus centavos.

Es Víctor Flores, el líder ferrocarrilero.

El cambiador de vías.

Demonio del sindicalismo mexicano.

EL BOXEADOR

De par en par, las puertas de la oficina del secretario de Gobernación, Manuel Bartlett Díaz, se abrieron para Fernando Espino Arévalo. Bartlett acostumbraba ser directo. Soltó: "Necesito que nos ayudes a recuperar el sindicato del Metro."

Espino —entonces exsecretario general del SNTSTC— supo que más que una petición, la frase del poderoso secretario era una orden. Bartlett era el operador político más importante del gobierno de Miguel de la Madrid, perfilado desde Bucareli para llegar a Los Pinos, y titubear o resistirse equivaldría al suicidio político. Sabía que si no era él, otro sería el encargado de ejecutar lo dispuesto por Bartlett.

—¿Con qué cuento?—, punzó Espino.
—Con todo el apoyo del gobierno...

No se habló más.

Meses después, el Sindicato Nacional de Trabajadores del Sistema de Transporte Colectivo (Metro), la red urbana más importante de la ciudad de México, encabezado a la sazón por Ariel Macías, miembro del Partido Revolucionario de los Trabajadores (PRT), contrario al PRI, pasaba al control de Espino Arévalo quien, de manera coyuntural, ponía al frente a su incondicional José de Jesús Péreznegrón. En la praxis, Espino era quien controlaba al sindicato.

Espino y el PRI.

Las órdenes de Manuel Bartlett habían sido cumplidas.

* * *

—Quiero ser diputado, licenciado Camacho...

Enrolado en las filas priistas, dorados los años del priato, Espino Arévalo cobraba facturas al partido todopoderoso al que servía —corrían tiempos del salinato— y se acercaba al regente Manuel Camacho Solís, quien controlaba la operación política capitalina, para exigirle una curul.

Camacho cumplió el deseo del dirigente del SNTSTC, y lo hizo diputado.

Favor con favor se paga.

Detrás de los ascensos y premios dentro del poder político-sindical, regularmente hay padrinazgos o respaldos poderosos que —hoy por ti, mañana por mí— encumbran a líderes sindicales hasta niveles máximos de impunidad, autoritarismo y eternización en el poder.

Émulos de Fidel Velázquez, la mayoría de los dirigentes sindicales acostumbran a mantenerse por décadas a la cabeza de sus respectivos sindicatos, ya sea de manera directa o a través de terceros, vetando la palabra democracia y cancelando espacios de renovación sindical, siempre apoyados por el poder presidencial o, en el caso del SNTSTC, del jefe de Gobierno en turno.

Y Fernando Espino Arévalo —bronco, bárbaro—, no ha sido la excepción: lleva más de 33 años al frente del sindicato del Metro.

Ahí la lleva.

Hábil a la hora de negociar, Espino Arévalo no tiene partido aborrecido. Ni negocio político que se le niegue. O política negociada que se le resista.

Espino practica y domina aquella frase memorable de Vito Corleone: "Le haré una oferta que no podrá rechazar."

Hijo político del PRI, también ha brincado de partido en partido (al PVEM o al Partido Nueva Alianza) para seguir ocupando una diputación −federal o local− no con el propósito de promover reformas que beneficien a los mexicanos. Nada de eso. Busca siempre cobijarse bajo la sombra protectora del fuero legislativo para evitar acciones penales en su contra.

Por algo será.

El siguiente pasaje lo confía al autor de este libro uno de los personajes que, por lustros, fue cercano a Espino Arévalo:

Para seguir siendo diputado, Espino se acercó al dirigente del Partido Verde Ecologista de México (PVEM) −un eructo político del PRI−, Jorge Emilio González Martínez, "El niño verde", a quien le propuso un negocio: que lo hiciera diputado local en la Asamblea Legislativa del Distrito Federal (ALDF) y, a cambio, los poco más de 14 000 trabajadores del Metro surtirían sus recetas médicas en las farmacias propiedad de la familia González, con los consecuentes beneficios financieros para las cadenas.

Espino fue, finalmente, diputado local por el Partido Verde.

Una oferta que no se pudo rechazar.

La palabra "transparencia" es algo que a los líderes sindicales − al menos a los mexicanos−, nada más no se les da.

Nacidos, formados, impulsados y solapados bajo los regímenes priistas, los dirigentes de sindicatos −como Espino

Arévalo— han hecho de la opacidad un credo y de la transparencia un destierro. Durante los doce años panistas, con Fox y Calderón en Los Pinos, tampoco se pudo lograr ninguna democratización en las fortunas que los sindicatos manejan y que provienen de recursos que, por ley, deben ser públicos y accesibles.

¿Podríamos imaginar a Romero Deschamps, a Víctor Flores o a Espino Arévalo rindiendo cuentas sobre cómo manejan los dineros sindicales, abonando a la transparencia y siendo ejemplo de rendición de cuentas? ¡Nunca! Es una postal tan inconcebible como antinatural. Equivaldría a dejarle violines a una manada de mandriles para que dieran un concierto.

Algunas cifras:

De 1986 al 2000, el Consejo de Administración del Metro le ha entregado a Espino Arévalo más de 610 millones de pesos provenientes del erario del Distrito Federal, que con las cuotas sindicales ingresadas hace más de veinte años, suman alrededor de 700 millones de pesos, los cuales han sido manejados al criterio y antojo de un solo hombre: Fernando Espino Arévalo, denuncia la secretaria general del Sindicato de Trabajadores Democráticos del STC (STDSTC), María del Carmen Servil.

"De esos 700 millones de pesos se desconoce sus destino", es la denuncia de Servil, acotada por Espino Arévalo para inyectar aires democráticos al sindicato. Poco ha logrado la combativa mujer.

Aún más:

Recursos financieros que supuestamente se han utilizado para construir viviendas y dos centros vacacionales en Morelos, nunca han sido comprobados y ni siquiera existen; tampoco se construyeron 400 viviendas en la delegación Azcapotzalco, ni departamentos en un predio adquirido en Valle de Luces, Iztapalapa, y los terrenos permanecen en calidad de baldíos. ¿Dónde están esos recursos?, se pregunta Servil.

Espino el intocable.

O la siguiente perla divulgada por la reportera Alejandra Martínez del periódico *El Universal*, en la que explica cómo, durante… ¡23 años!, se entregaron millones sobre millones al sindicato. Es decir, tan sólo por esta prestación —hay que llamarla de alguna manera— se habrían embolsado al menos 230 millones de pesos. El abuso, de acuerdo con el texto de Martínez:

> El gobierno capitalino paga anualmente más de diez millones de pesos en sueldos a 125 trabajadores sindicalizados del Metro que tienen licencias con goce de sueldo.
>
> En la lista destaca Fernando Espino Arévalo, líder de dicho sindicato, cuya licencia se solicitó en noviembre de 1984 y vence en abril de 2007.
>
> Con base en la lista de trabajadores comisionados por el Sindicato Nacional de Trabajadores del Sistema de Transporte Colectivo (SNTSTC), del que obtuvo una copia este diario, Espino Arévalo está adscrito a la Subgerencia de Instalaciones Eléctricas y recibe un sueldo de 7 mil 560 pesos. De su remuneración que percibe como diputado local, recibe alrededor de 60 000 pesos al mes.
>
> [Hasta aquí el texto de Martínez.]

Es una tras otra.

* * *

Se calzaba las zapatillas, se ponía los guantes, los chocaba entre sí y mordía el protector bucal y a ganarse la vida, literal, recibiendo trompadas arriba del ring. La necesidad era mucha y había que comer.

El joven sparring michoacano Fernando Espino Arévalo tenía buen juego de piernas, le hallaba al *bending* y al *rolling*, y cuentan que no tenía mal gancho al hígado, el golpe maestro, el que paraliza y fulmina. Soñaba ser como sus ídolos.

Pero el boxeo es un arte de muchos sacrificios. "La pelea más dura es abajo del ring", me dijo alguna ocasión Julio César Chávez. Es cierto. Pocos llegan. Muchos claudican.

A Espino Arévalo no le alcanzó la disciplina para ser boxeador profesional. Ni a los "guantes de oro" pudo llegar.

Cambió el box por la política.

La muleta izquierda por los guantes.

El gancho al hígado por el *descontón* arrabalero.

Con los años, se rodeó de ídolos boxeadores.

Y… ¿por qué no?, también aprovechó para hacer negocios al amparo de su viejo amor: el boxeo. Espino, bien lo sabemos, no tiene negocio aborrecido.

La reportera Beatriz Pereyra publicó en la revista *Proceso* parte de la historia. A continuación algunos fragmentos:

> El secretario general del Sindicato Nacional de Trabajadores del Sistema de Transporte Colectivo (STC), Fernando Espino Arévalo, tiene en la nómina del Metro a un grupo de boxeadores y entrenadores, como si fueran empleados públicos.
>
> El polémico líder sindical, declarado fanático del box, les ha otorgado estos privilegios supuestamente sin pedir nada a cambio; sin embargo, en algunos casos ha condicionado el pago de un salario y sus prestaciones

sociales correspondientes a cambio de que los pugilistas mantengan sus contratos con el promotor Fausto García Navarro, de la empresa Boxeo de Gala.

Hace alrededor de cuatro años a Fernando Espino se le ocurrió que la mejor forma de apoyar a su deporte favorito sería incluir en la nómina de empleados de base del Metro a peleadores y entrenadores que desde su punto de vista necesitan ayuda. Fue así que paulatinamente comenzó a "contratar" a alrededor de 30 personas como si fueran empleados.

Proceso tiene copia de una lista de los boxeadores y entrenadores beneficiados. Entre ellos destacan Carlos Zárate hijo, quien ostenta el cargo de asistente administrativo "A", por el cual devenga 7188 pesos mensuales más 2334 de "percepciones adicionales"; Juan Ramón Ayala Rodríguez, "El niño de oro", quien como técnico en mantenimiento "C" recibe un salario mensual bruto de 8155 pesos más 2334 de percepciones adicionales.

Edgar *Basuras* Riovalle, Javier Prieto Álvarez y el excampeón minimosca Edgar Sosa también se encuentran en la nómina de sindicalizados del Metro con el puesto de coordinador administrativo "A", puesto por el cual cada uno percibe 11 763 pesos.

Luis Donaldo Prieto Álvarez está registrado como auxiliar de seguridad "A" y cobra 7 494 pesos; Juan Antonio "El mozo Rodríguez", cuyo representante es el propio Fernando Espino, tiene asignado el puesto de técnico en diseño "A", por el cual cobra 9371 pesos; y Gilberto "Flaco" González, como jefe de estación en transportación devenga 9945 pesos, lo mismo que su padre, del mismo nombre y con el mismo puesto.

Entre los entrenadores de boxeo a los que Fernando Espino asignó una plaza como trabajadores sindicalizados del Metro aparecen Guadalupe Pintor, como coordinador especializado con un sueldo de 13 240 pesos mensuales, y Ericel *Cachorro* Nucamendi, quien ocupa el cargo de conductor "A" de transportación a cambio de 8828 pesos. Todos los mencionados reciben además 2334 de "percepciones adicionales".

[Hasta aquí el texto de Pereyra.]

Y anécdota aparte:

Espino, tan amante del boxeo, habilitó en el Deportivo del SNTSTC de avenida Tezontle, colonia Ramos Millán (Distrito Federal), una improvisada arena de boxeo. Promocionaba funciones. Alentaba a novatos a ser Julio César Chávez o el "Cañas" Zárate. Alardeaba con su afición boxística... y – ¡por supuesto! –, también explotaba al negocio.

En el deportivo, por órdenes de Espino Arévalo, se comenzó a vender... ¡cerveza!, y ya entradas las tardes, era frecuente ver a aficionados, *sparrings* y boxeadores con botellas en la mano, olvidarse del ring y dedicarse a decir salud.

Espino es adorador del box, sí... pero primero está el billete.

Hasta que el reciente director del Metro, Joel Ortega, le clausuró el negocio de bebidas alcohólicas. No aplicaba.

Así, Espino fue obligado a abandonar el negocio... por el momento.

LA FAMILIA

Fiel a la doctrina sindical mexicana –como la han ejercido Romero Deschamps o Elba Esther Gordillo–, Espino Arévalo ha beneficiado a sus cercanos, colocándolos en puestos sindicales claves dentro del Metro. La nómina al servicio de la familia.

Ejemplo: Enriqueta García Villarreal, cuñada de Espino (es hermana de Carmen, esposa del líder sindical), ha sido secretaria general de la Sección VII del SNTSTC (Taquilleras).

Otro caso:

Para atender su rancho en el estado de Morelos, Espino Arévalo no paga de su bolsillo, como cualquier otro ciudadano, a trabajadores o capataces. No. Para eso están el sindicato y su compadre, Rubén Cevallos, quien percibe un salario como Inspector en Jefe de Estación… pero que, en realidad, solamente labora en la propiedad morelense del compadre Fernando, revelan fuentes que conocen el caso.

¿Más?

Aún reina del sindicalismo mexicano, todopoderosa del SNTE, jefa política del Partido Nueva Alianza (Panal) y –sí, hay más– cabeza de la naciente Federación Democrática de Sindicatos de Servidores Públicos (FEDEESP) –organismo creado por ella para ser contrapeso de la vetusta y anquilosada Federación de Sindicatos de Trabajadores al Servicio del Estado (FSTSE)–, Elba Esther Gordillo recibió en su oficina a Espino Arévalo, quien había decidido afiliar al sindicato del Metro a la FEDEESP.

Brusco, como es Espino, le soltó a Gordillo:

–Quiero una diputación federal para mi hijo Fernando…

La petición fue rechazada por Elba Esther, Espino se emberrinchó y entonces desafilió a su sindicato de la FEDEESP. "Me vale madres", respondió Gordillo.

¿Cuál fue el premio de consolación para Fernando Espino *junior*, a quien motejan como "El negro"?

Según fuentes consultadas, Espino Arévalo le compró un restaurante –El Asador del Bariloche– en Morelia. Ya tiene dos sucursales: en el centro de la capital michoacana y en el exclusivo complejo comercial "Altozano". Los restaurantes son de lo mejor que hay en la ciudad… gracias, todo indica, a los dineros del sindicato del Metro.

Y un remate:

Guadalupe Espino Arévalo, hermana del líder, es quien maneja realmente las finanzas sindicales.

Cierto día –me comenta un personaje que conoció la historia–, de las cuotas, sacó una fuerte cantidad para comprar de agencia una camioneta EXCAPE que regaló a Fernando.

Y cuando algunos empleados sindicales le reclamaron la compra, Guadalupe les respondió:

"Mi hermano se merece eso y más, porque ha trabajado mucho por nosotros."

¿Qué tal?

Son los Espino Arévalo.

"Pues nada más falta que les entregue esa silla", le comentó, mitad en broma, mitad en serio, el director del Metro, Joel Ortega, a Espino Arévalo, señalándole el asiento de la Dirección General.

Ortega no erraba: el sindicato del Metro prácticamente se ha apoderado de las posiciones clave de la estructura operacional del sistema de transporte más importante de la capital del país.

Cuando llegó a la dirección del STC, Ortega intentó someter a Espino y al sindicato pero, al igual que sus antecesores, fracasó. Nada más no pudo. Espino lo dobló.

Espino es el todopoderoso del Metro, sin importar quién ocupe la dirección general.

Espino Arévalo es demonio del sindicalismo mexicano.

LOS HERMANITOS GARCÍA CULEBRO

Gordillo. Romero Deschamps. Gómez Urrutia.

Apellidos conocidos – y no poco aborrecidos – por la mayoría de los mexicanos.

Apellidos ligados a la corrupción. Al bandidaje sindical. Al abuso del poder.

Pero hay otros más, no tan famosos, que no son siquiera identificados por los medios o por los lectores, pero que, igualmente, manejan pequeñas fortunas sin transparencia, bajo el signo de la opacidad y del nepotismo. Abundan.

Es el caso de los hermanos Francisco y Carlos Fermín García Culebro, dentro del Sindicato Nacional de Trabajadores del Instituto de Seguridad y Servicios Sociales de los Trabajadores del Estado (ISSSTE).

¿Cuánto dinero han manejado de presupuesto, año con año, a través de la presidencia de la Comisión Nacional de Auxilios (CNA) del sindicato, sin informar cuánto reciben por intereses bancarios? Alrededor de... ¡750 millones de pesos anuales!, de acuerdo con el último informe presentado por Carlos Fermín, en su calidad de presidente de la CNA.

En sus desgloses financieros, dan a conocer gastos realizados por dicha comisión: jubilación, invalidez, defunción y otros rubros (se incluye el cuadro completo líneas abajo), pero a los hermanos García Culebro se les ha olvidado revelar cuánto reciben vía intereses por esa fortuna depositada en cualquier institución bancaria. En la que sea. Póngale usted nombre. Para algo les alcanzará.

Si manejan $748, 074, 225.00 (setecientos cuarenta y ocho millones setenta y cuatro mil doscientos veinticinco pesos m.n., al cierre del ejercicio comprendido entre el 15 de junio de 2013 y el 31 de marzo del 2014) –como se reporta en el informe financiero–, ¿cuánto dinero percibirían por concepto de intereses bancarios? Seguramente millones.

Hagamos un ejercicio financiero simple, para lo cual consultamos a un especialista:

Si el ciudadano "X" deposita $748, 000, 000.00 pesos en un banco, a tasa promedio de 4 por ciento anual (ya incluido el impuesto), tendría un interés aproximado de 25 432 000 pesos anuales. (La tasa puede variar a mayor o menor, así que saquemos cuentas; o bien, hay otros instrumentos de ahorro o de inversión que pueden duplicar la tasa.)

Pero ni Pancho –como le dicen y conocen dentro del SNTISSSTE–, ni Carlos Fermín, informan sobre intereses generados vía bancaria.

¿Dónde están y cómo se han manejado, en los últimos años, esas fortunas dentro de una sola comisión –la de Auxilios – dentro del sindicato del ISSSTE?

¿Dónde está el dinero por intereses bancarios? Hay que preguntarle a Pancho y a Carlos Fermín.

¿Cómo se manejan? Bajo el manto de la opacidad, como prácticamente en todos los sindicatos mexicanos.

Mucho dinero.

Y cero transparencia.

¡VIVA LA FAMILIA!

Forjados al amparo del hierro sindicalista tradicional, los hermanos García Culebro han sabido aprovechar los beneficios que rinde la esforzada, heroica y abnegada carrera sindicalista. Son ejemplo de ello.

"Yo he estado en casa de Pancho. Hasta palmeras tiene", confía un personaje que conoce al jerarca sindical.

Y es que Francisco José ha sido el patriarca de la familia García Culebro ocupando, primero, la presidencia de la Comisión Nacional de Auxilios del SNTISSSTE durante el cuatrienio 2009-2013, donde en mayo de su año último, reportó su "estado de cuenta":

> De julio de 2009 al 27 de febrero de 2013, se elaboraron un total de 11 620 cheques para pagos de auxilios reclamados y que significaron una erogación total de 307 524 253. 30 pesos. A la misma fecha, el Fondo de la Comisión Nacional de Auxilios cuenta con un patrimonio de 634 205 325.27 pesos.
>
> Es muy importante mencionar que, a partir del 15 de abril de este año, los montos por auxilios que paga el Sindicato se incrementaron en un 30 por ciento promedio pasando, en su valor más alto, de 32 000 a 42 000 pesos.
>
> [Hasta aquí el reporte financiero de Francisco García Culebro durante su gestión.]

Nota del autor: Al hablar de cheques elaborados, es evidente que son expedidos por alguna institución bancaria. Y aunque al presupuesto de la CNA se le descontaran, en el reporte anterior, los 307 millones de pesos erogados, aún queda una parte considerablemente alta —aproximadamente 327 millones de pesos–, de los cuales tampoco se rindió ningún informe en cuanto a generación de intereses bancarios, lo cual es una constante en los informes financieros futuros de la Comisión, como se demostrará más adelante.

Al término de la gestión de Pancho García Culebro, el nepotismo imperó: por aclamación general y unánime (léase "dedazo"), a la presidencia de la Comisión Nacional de Auxilios llegó otro de la familia: Carlos Fermín García Culebro. A cuidarse las espaldas.

Cabe decir que durante la presidencia de su hermano del 2009 al 2013, Carlos Fermín García Culebro fue secretario de Educación Sindical en el Distrito Federal. Como reza una de las frases favoritas de los políticos: vivir fuera del presupuesto es vivir en el error.

Pero no se crea que los hermanitos García Culebro no son generosos con sus aliados. Nada de eso. Saben premiar la incondicionalidad. Veamos:

Del 2009 al 2013, cuando Pancho era presidente de la CNA, su vocal era José Luis García Leal –que había sido su chofer durante varios años–, mientras que de Tesorero fungía Edmundo Ulises Cortés Sagredo, también incondicional de Pancho.

En 2013, con el relevo en la Presidencia de la CNA, también hubo cambios –faltaba más– en la Vocalía y en la Tesorería, para completar el tridente que maneja a la Comisión.

¿Quién quedó, ahora con Carlos Fermín García Culebro, como vocal? Pues Ulises Cortés Sagredo, extesorero de Pancho.

¿Y quién quedó como tesorero? José Luis Leal García, exvocal de Pancho.

Todo queda entre familia. Entre aliados. Y cómplices.

Todos, juntos y unidos hasta el 2017.

Aún más:

Dentro del Comité Ejecutivo Nacional del SNTISSSTE para el cuatrienio 2013-2017, la Secretaría de Asuntos para Estancias de Bienestar y Desarrollo Infantil, es ocupada por Rosa Margarita García Culebro.

Sí, hermana de Pancho y de Carlos Fermín.

¡Viva la familia!

LOS RECURSOS

Los políticos mexicanos no acostumbran mencionar la palabra "dinero" cuando hablan entre ellos, principalmente quienes pertenecen al PRI. Utilizan el término "recursos", como si mencionar "dinero" los ensuciara o los perturbara. Es como una clave que tienen entre ellos.

Y precisamente con el manejo de los recursos, las dudas con Francisco García Culebro siempre se han asomado.

Veamos lo que el reportero Arnoldo Piñón publicó en su libro *El bienamado* (página 57):

Con ingresos superiores a 150 millones de pesos anuales manejados discrecionalmente, la Comisión Nacional de Auxilios, presidida por Francisco José García Culebro y el tesorero Ulises Cortés Sagredo, se ha convertido en un negocio de unos cuantos en contra del interés de unos 70 mil trabajadores y sus familias.

Mensualmente, a cada trabajador se le descuentan 173 pesos por concepto de auxilios, con la finalidad que en caso de ser cesados o cuando lleguen a la edad del retiro, cuenten con dinero para hacer frente a eventualidades. Pero además que no se les reintegran los intereses que sus aportaciones generan, al cumplir cierto tiempo de cotización su dinero tiene un destino que desconocen.

Vayamos por partes:

Las aportaciones de los trabajadores representan alrededor de 145 300 000 pesos al año, los cuales, invertidos a un interés del ocho por ciento —bajo, teniendo en cuenta el monto—, generaría 11 400 000 pesos.

La aportación anual por cada trabajador asciende a 2076 pesos; en quince años seis meses entrega a la Comisión Nacional de Auxilios la cantidad de 32 178 pesos sin sumar los intereses financieros generados, por lo que a los 30 años habrá ahorrado poco más de 64 000 pesos.

Y es en esa aportación donde se encuentra lo interesante: debido a que cuando los trabajadores se jubilan, tienen derecho a recibir, por concepto de auxilios, la cantidad de 64 000 pesos. Es decir, el equivalente a la cantidad que se les descuenta sin ningún interés financiero.

Sólo que de los 64 000 pesos que los trabajadores reciben por concepto de auxilios, la institución aporta la mitad, esto es 32 000 pesos, por lo que la Comisión Nacional de Auxilios únicamente les regresa 32 000 pesos de lo que ahorraron. Esto es, el trabajador sólo recibe la mitad del ahorro que durante su vida laboral realiza, sin que conozca el destino que se le da al resto, incluidos los intereses financieros.

[Hasta aquí el texto de Piñón.]

Hoy por hoy, y con base en el último informe del presidente de la CNA del SNTISSSTE, Carlos Fermín García Culebro, "el saldo del Fondo de la Comisión Nacional de Auxilios al 31 de marzo de 2014, alcanza los 748 074 225.78 pesos".

Revisemos ahora el cuadro de Egresos que indica lo que se gastó en el ejercicio de junio de 2013 hasta el 31 de marzo de 2014:

ISSSTE 1er AÑ COMITÉ EJECUTIVO NACIONAL 2013 · 2017

COMISIÓN NACIONAL DE AUXILIOS

Presidente
Lic. Carlos Fermín García Culebro

Vocal
Fis. Ulises Cortés Sagredo

Tesorero
José Luis Leal García

La Comisión Nacional de Auxilios, durante el lapso del 15 de junio de 2013 al 31 de marzo de 2014, ha cumplido con la obligación de informar sobre las actividades realizadas, de conformidad con los proyectos establecidos al inicio de esta gestión y reporta lo siguiente:

Dado que en la actualidad el 69 por ciento de los trabajadores de base del Instituto cuentan con su Carta de Designación de Beneficiarios debidamente registrada ante esta Comisión Nacional, y en virtud de que se requiere una campaña de difusión para el llenado y actualización de dicho documento por aquellos trabajadores que no lo han realizado, fue implementado un sistema de Registro Electrónico de Cartas de Designación de Beneficiarios bajo resguardo que hasta el momento lleva un avance del 72 por ciento.

Adicionalmente, se diseñó un sistema de programación que permite escanear documentos y generar automáticamente una base de datos pormenorizada, a manera de resguardo electrónico, de expedientes de auxilios pagados a lo largo de la historia de la Comisión; con esto se eliminarán los expedientes en papel con antigüedad mayor a cinco años, a la vez que se obtendrá de este sistema la estadística y proyección del número y monto histórico de auxilios pagados que sirven de base para estudios actuariales, así como para la evolución de los montos pagados y establecer propuestas de incremento en beneficio de los trabajadores que cotizan al fondo de la Comisión.

El sistema informático y las pruebas preliminares concluyeron en febrero del presente año y el avance en el número de expedientes escaneados es del 2 por ciento,

por lo que nuestra meta es concluir todo el proceso a mediados de 2015.

Fue implantado un sistema permanente de auditoría externa que, durante el periodo comprendido del 15 de junio de 2013 al 31 de marzo de 2014, reflejó que esta Comisión Nacional de Auxilios ha expedido un total de mil 624 cheques relativos al reclamo del auxilio por el propio trabajador o por sus beneficiarios. El importe asociado con estos pagos ascendió a 49 millones 666 mil 384 pesos conforme a la siguiente tabla:

AUXILIO	CHEQUES EXPEDIDOS	MONTO
Jubilación	776	28,719,764.00
Invalidez Total y Permanente Ajena al Trabajo	260	8,828,400.00
Defunción	342	6,400,500.00
Pensión por Edad y Tiempo de Servicios	137	3,606,950.00
Renuncia	68	1,231,770.00
Término de Relación Laboral	33	677,000.00
Invalidez Total y Permanente por Accidente de Trabajo	5	161,000.00
Cese	2	25,000.00
Rescisión Laboral	1	16,000.00
TOTALES	1,624	49,666,384.00

El total de aportaciones recibidas por parte del ISSSTE en el periodo que se informa asciende: 113 millones 032 mil 415 pesos con 25 centavos y el saldo del Fondo de la Comisión Nacional de Auxilios al 31 de marzo de 2014 alcanza los 748 millones 74 mil 225 pesos con 78 centavos.

Como se observa, este informe tampoco indica absolutamente nada respecto a los intereses bancarios generados con los "recursos" de la Comisión. Los egresos apenas llegan a casi 50 millones de pesos.

Es decir: a grandes cifras, alrededor de 700 millones de pesos habrían estado disponibles en cualquier banco generando los respectivos intereses.

¿Dónde está el dinero de dichos intereses?

¿Quién lo tiene?

¿A quién o a quiénes han beneficiado?

Allí están los nombres.

Y las cifras.

Hagamos cuentas.

TODOS CABEN EN LA NÓMINA

En México, el poder no se ejerce. Se explota. Y esta máxima se aplica de manera plena, también, en los sindicatos.

El poder de los hermanos García Culebro les ha alcanzado, desde años atrás, para beneficiar a familiares cercanos, independientemente de que entre ellos –Francisco y Carlos Fermín alternándose en la presidencia de la Comisión Nacional de Auxilios, y Rosa Margarita ocupando actualmente la Secretaría de Asuntos para Estancias de Bienestar y Desarrollo Infantil– hayan resultado beneficiados.

¿Por qué lo decimos?

Resulta que María Inés Olguín Pérez, actual esposa de Carlos Fermín García Culebro, presidente de la Comisión Nacional de Auxilios del SNTISSSTE, y la hija de éste, Marcela García Rosas, reciben beneficios como trabajadoras de base del Instituto. Seguramente habrán demostrado méritos profesionales suficientes para haber adquirido las plazas. ¿Nepotismo? ¡No, qué va!

Olguín Pérez tiene el Número de Empleado 307994. Aquí, el documento completo que la acredita como trabajadora de base del ISSSTE:

MÉXICO
GOBIERNO DE LA REPÚBLICA

ISSSTE
UNIDAD DE ENLACE
Solicitud de Información: 0063700033613
U.E. 0919-2013

México, D.F., a 04 de marzo de 2013

C. Solicitante

En atención a su solicitud de información con el número de folio citado al rubro, y con fundamento en los artículos 41, 42 y 44 de la Ley Federal de Transparencia y Acceso a la Información Pública Gubernamental (LFTAIPG), esta Unidad de Enlace se permite hacer de su conocimiento la respuesta de las unidades administrativas responsables de la información.

Dirección de Administración

"En relación a su solicitud de información consistente en:

"Solicito se me proporcione la siguiente información pública relativa a la situación laboral de la C. MARIA INES OLGUIN PEREZ: fecha de ingreso a laborar al Instgituto, número de empleado, centro de adscripción, tipo de plaza que ocupa, nivel de estudios que acreditó y en caso de encontrarse comisionada sindicalmente con goce de sueldo, la fecha en que por vez primera gozó de comisión sindical." (sic)

Se informa lo siguiente:

307994	Base	01/07/2005	Clínica de Medicina Familiar del Valle	01/04/06 al 30/09/06

Delegación Regional Zona Sur

"Se informa que de acuerdo con lo encontrado en el expediente personal de la persona en comento, se hace de su conocimiento lo siguiente:

Olguín Pérez María Inés	Licenciatura en Trabajo Social

Sin otro particular, reciba un cordial saludo.

Atentamente

Unidad de Enlace del ISSSTE

Jesús García N° 140, P.B., Colonia Buenavista, Delegación Cuauhtémoc, C. P.06350, Distrito Federal, Tel. 54.47.14.24, 51.40.96.17 Ext. 13322, 13380 y 13394, ventanillaenlace@issste.gob.mx

García Rosas, hija del líder, registra como Número de Empleado el 315136:

ISSSTE

UNIDAD DE ENLACE
Solicitud de Información: 0063700425312
U.E. 0202/2013
México, Distrito Federal, a 21 de Enero de 2013

C. Solicitante:

En atención a su solicitud de información con el número de folio citado al rubro, y con fundamento en los artículos 41, 42 y 44 de la Ley Federal de Transparencia y Acceso a la Información Pública Gubernamental, esta Unidad de Enlace se permite hacer de su conocimiento la respuesta otorgada por la Unidad Administrativa responsable de la información:

Dirección de Administración

"En relación a su solicitud de información en la cual requiere:

"Solicito se me proporcione la siguiente información pública relativa a la C. MARCELA GARCIA ROSAS: fecha de ingreso a trabajar al Instituto, número de empleada, tipo de plaza que ocupa --base, confianza, etc.-, centro de adscripción, nivel que ocupa y en caso de encontrarse comisionada sindicalmente se me indique la primera fecha en que fue comisionada sindicalmente." (Sic).

Sobre el particular y de conformidad con los antecedentes que obran en esta unidad administrativa, hago de su conocimiento la siguiente información, relativa a Marcela García Rosas:"

Fecha de ingreso a trabajar en el Instituto	16 de septiembre de 2006
Número de empleado	315136
Tipo de plaza que ocupa	Base
Centro de adscripción	H.G. "Dr. Darío Fernández Fierro"
Nivel que ocupa	Nivel 27 subnivel 1
En caso de encontrarse comisionada sindicalmente se me indique la primera fecha en que fue comisionada sindicalmente.	La primera licencia con goce de sueldo para el desempeño de comisión sindical fue del 01-06-2009 al 30-09-2009

Sin otro particular, reciba un cordial saludo.

Atentamente

Unidad de Enlace del ISSSTE

Jesús García Nº 140, 5° Piso, Ala A, Colonia Buenavista, Delegación Cuauhtémoc, C. P.06350, Distrito Federal,
Tel. 54.47.14.24, 51.40.96.17 Ext. 13322, 13380 y 13394, ventanillaenlace@issste.gob.mx

Es sólo una parte de cómo se distribuyen y se disfrutan los privilegios dentro del sindicato del ISSSTE.

El patrimonio familiar de los hermanitos García Culebro. Demonios del sindicalismo mexicano.

* * *

EPÍLOGO

Los casos de abuso sindical expuestos en este libro no son, ni por mucho, los únicos que existen en México. Se multiplican, sin duda, con otros nombres, hombres y siglas. Y en este libro, son tan sólo −bajo la rigurosa regla de la investigación periodística- unos cuántos botones de muestra.

La alianza entre Presidentes, líderes sindicales y partidos políticos, se ha convertido en un circuito de impunidad, intocable la mayoría de las veces, debido a una intrincada red de complicidades que corre sobre una misma vía: la del interés político, cuyos ramales se traducen, invariablemente, en enriquecimientos personales, en intercambio de favores, en canonjías para los protagonistas de cada episodio.

Ese trípode impune −poder presidencial, dirigentes de sindicatos y organizaciones políticas- es la columna vertebral de uno de los grandes males que, hoy por hoy, azotan al país: la corrupción política, terreno en el cual encaja −infaltable, puntual, como daga ardiente- el papel indignante que la mayoría de los líderes-caciques sindicales desempeñan en la tragicomedia mexicana.

No importan apellidos.

Hoy son los Romero Deschamps. Los Flores. Los Espino o Rodríguez Fuentes. Es lo de menos. Mientras persista ese entramado de complicidades políticas – sindicales, mañana llegarán otros: los Pérez, González o Hernández, que lograrán engancharse a la rueda de la fortuna del poder y llegar a la cima de la mano de algún poderoso.

La ecuación no falla.

¿A qué aspiré con la realización de este libro que ahora usted tiene en sus manos?

A que –insisto-, al menos con unos cuántos casos, se conozcan formas y modos, mañas y vicios de algunos líderes sindicales poderosos incluidos en estas páginas, cómo se manejan para lograr sus propósitos y de qué medios se valen, en su mayoría ilícitos, para su enriquecimiento brutal. Sus orígenes. Sus ascensos. Sus intereses. Sus procedimientos. Sus atropellos.

Su regla permanente –semilla clave para entender su enquistamiento-, tan infaltable como vergonzante: la falta de transparencia en los dineros que les son confiados, la mayoría de las ocasiones; y se habla además, de cómo se corrompen y cómo se encubren.

Sirva esta obra para que los conozcamos mejor. Para que los identifiquemos con base en su proceder.

Como periodistas, recurrir –como respirar- al periodismo de denuncia no como una misión opcional o moda, no, sino como una obligación y compromiso para quienes esperan – los lectores-, trabajos de fondo, sustentados en la madre del periodismo: la investigación, el reporteo, que arrojen elementos suficientes para integrar y comprobar una historia.

El periodista que olvida la denuncia periodística o la crítica rigurosa al poder y a los poderosos, se convierte, en automático, en un periodista marchito, neutralizado, inútil para la sociedad. Por lo tanto, el oficio de indagar y descubrir, es un músculo que hay que ejercitar a diario.

La aparición de *Los demonios del sindicalismo en México* coincide con momentos dolorosos para el país: en septiembre de 2014, lo ocurrido con los normalistas de Ayotzinapa nos enfrentó una vez más al espejo de nuestras desgracias y allí vimos la maldad que nos rodea, la complicidad entre políticos —otra vez los políticos- con el crimen organizado, los vacíos de gobiernos y de autoridades, confabulados directa o indirectamente y dejando inermes a millones de mexicanos ante la inseguridad, la impunidad y los abusos de todos los poderes.

Sirva este trabajo periodístico para que el ciudadano-lector conozca, un poco más, sobre ellos: los demonios del sindicalismo, y también para reflexionar sobre la situación de nuestro país y convencernos de que la denuncia bien argumentada es una herramienta para decir ya basta.

Debo decir que sin duda también habrá líderes sindicales honestos, comprometidos con sus agremiados, con ética y lealtad para con su país. Confiables. Seguramente existirán. Por allí andarán.

Aún los seguimos buscando.

Martín Moreno
Ciudad de México, noviembre de 2014

Los demonios del sindicalismo mexicano, de Martín Moreno
se terminó de imprimir en febrero de 2015
en Quad/Graphics Querétaro, S. A. de C. V.,
Fracc. Agro Industrial La Cruz El Marqués
Querétaro, México.